本当の自分を生きる

人生の新しい可能性をひらく8つのキーメッセージ

榎本英剛
Enomoto Hidetake

春秋社

はじめに

まずは、この本を手に取ってくださったことに心からの感謝を申し上げます。

その上で、あえてお伺いしてみたいことがあります。あなたはなぜこの本を手に取ってくださったのでしょうか？　たまたま本屋で見つけてタイトルが気になったからという人もいるでしょうし、友人から薦められるままにネットで購入したという人もいるでしょう。それがどのようなきっかけだったとしても、どこかで「はたして今、自分は『本当の自分』を生きているだろうか？」という疑問があなたの中にあったからこそこの本を開いてみる気になったのではないでしょうか？

「本当の自分を生きる」というのは、別の言い方をすれば「自分らしく生きる」ということでもあります。せっかくこの世に生を受けた以上、他の誰でもない、自分だけの自分らしい人生を生きたいとは誰もが願うことでしょう。そして、この「他の誰でもない、自分だけの自分らしい人生を生きる」ということがすなわち「本当の自分を生きる」ということなのです。ただし、それは単に「人とは違った人生を生きる」ということではありません。私は、人にはそれぞれその人が本来生きるべき人生があると思っています。それがどのような人生かを自ら見出し、それを生き切ることが「本当の自分を生きる」ことなのではないか。そのように考えているのです。

私がこの本を書いた目的

では、本当の自分を生きるにはどうしたらいいのでしょうか？　この問いこそがこの本のメインテーマであり、それについて私が自らの人生を通じて考え、実践してきたことを共有することがこの本を書いた目的です。ただ、この問いに対する答えは一様ではないでしょうし、本書で私が紹介することはあまたある答えの一つに過ぎないでしょう。それでもあえて共有したいと思ったのは、私の考えてきたことや実践してきたことは、世間一般の基準や常識からするとかなり「はずれている」と思うからです。

人が自分とまったく異なる考え方に出会った時、その意識には「ゆらぎ」が生じます。つまり、それまでほとんど疑問に思わなかったことに対し、疑問が生じるわけです。これは必ずしも居心地のいいことではありません。しかし、そのようなゆらぎを経て、これまでの自分の考え方に対する問い直しが起きると、そこに新たな選択肢が芽生えてくることが往々にしてあります。このことは、異国を訪れた時に感じるカルチャー・ショックに似ているかもしれません。最初は自国とまったく異なる文化風習に戸惑ったとしても、しばらくして慣れてくると「そういう考え方ややり方もあるかもしれない」と思えてきて、自分の考え方の幅がなんとなく広がったように感じた経験がある人もきっと多いのではないでしょうか？

それと同じように、この本を読むことで、これからの人生をどう生きていくかについてあなたの中にもし「ゆらぎ」が生じ、その結果として新たな選択肢が芽生えるようなことがあれば、私がこの本を書いた甲斐はあったということになります。つまり、この本に書かれていることを「こう生きれば大丈夫」という答えとして受け取るのではなく、むしろ「自分はこれからの人生をどう生きたいのか」という問いと向き合うきっかけにしてほしいのです。結局のところ、あなたが本当の自分を生きるにはどうしたらいいかについての答えを持っているのはあなたしかいないのですから。

この本が生まれた経緯

二〇一二年十二月十九日、ちょうど四十八歳の誕生日に私は「よく生きる研究所」という個人事業を立ち上げました。その際、同時にホームページも開設したのですが、そのホームページをつくるにあたって、自分という人間がどういう人間かを知ってもらうために、社会に出てからそれまでの人生を「ライフジャーニー」という形で綴ることにしました。その二十数年の間に起きた主な出来事を中心に約三～五年毎に区切り、全部で八つのエピソードにまとめました。そして、それぞれのエピソードの中で「本当の自分を生きる」上で重要だと私が考えていることを「キーメッセージ」として提示することにしたのです。

ホームページを開設してからしばらくして、それを読んでくださった何人かの方から、「これはすごくおもしろいので、ただホームページに載せているだけではもったいない。別の形でも共有したらいいのではないか」というありがたいアドバイスをいただきました。そこで、「よく生きるカフェ」という名称で、平日の夜、二時間ほど都内のカフェを貸し切りでお借りして、毎回ライフジャーニーの中から一つか二つのエピソードと、関連するキーメッセージを紹介し、それらにもとづいて参加者同士で対話していただくというイベントを開催することにしました。

自分のストーリーを語って、それについて対話してもらうという一見独りよがりな印象を与えかねないイベントにはたして人が集まるのか最初は不安でした。しかし、いざフタを開けてみると意外にも毎回ほぼ定員の二十人以上が集まってくれ、大いに盛り上がったので結局何ラウンドか実施することになりました。そして、熱心に対話する彼ら・彼女らの姿を見ながら、ここには自分のストーリーを超えた何かがあると感じるようになったのです。

よく生きるカフェを通じて自分が感じたことが何なのかを確かめるため、今度はさらに人数を十人ほどに絞り、四回シリーズですべてのエピソードおよびキーメッセージについて順番に同じメンバーでじっくりと語り合う対話中心の「よく生きる塾」というイベントを開催しました。この対話には私自身も参加したのですが、一つひとつのキーメッセージについて丁寧に対話を繰り返す中で、それらの奥に秘められたより深い意味が次々とひも解かれていくような感覚を味わいました。結局、このよく生きる塾も計三回実施したのですが、実施するたびに参加者がこれからの生き方について新たな視座や可能性を見出して力づけられていく様子を見て、三回目の塾が終わる頃には、これらの対話を元にした本をつくることをかなり真剣に考え始めていました。その後いろいろあってしばらく時間が空いてしまいましたが、幸いにもこの構想に関心を示してくれる出版社との出会いを得て、ようやく生まれたのがこの本なのです。

この本をどう読んでほしいか

この本は八つのエピソードとそれらに対応する八つのキーメッセージの解説を二本柱とした構成になっています。先ほども述べた通り、ここでエピソードというのは、私が社会人になってからよく生きる研究所を設立するまでの二十数年間に起きた主な出来事およびそれらを通じて感じたことをストーリー形式で綴ったものです。一見、これは私の半生について記した自伝のように見えるかもしれません。しかし、私は決して自分の人生について語りたくてこの本を書いたわけではありません。一番読んでいただきたいのは、むしろキーメッセージとその解説の部分なのです。ただ、ここで書いたことはともするとと抽象的になってしまう嫌いがあるので、それを具体的な人生に反映させるとどういうことになるかをイメージしていただくための、いわば「事例」として自分のストーリーを紹介させていただいたに過ぎないのです。

したがって、この本のエピソードやキーメッセージに書かれたことを読んでいただきながら、それを他人事としてとらえるのではなく、ぜひご自身の人生にあてはめて考えてみてほしいのです。これまでの人生を振り返ってみた時、この本に書かれているような経験にあなたも遭遇したことがあるでしょうか？　そして、その時あなたはどう考え、どのような選択をしたのでしょうか？　また、あなたは今人生においてどのような状況に置かれているのでしょうか？　もしもこの本に書かれたような考え方をあなたが採り入れるとしたら、どのような選択肢や可能性が見えてくるでしょうか？　そんな問いをご自分に問いかけながら読んでほしいのです。

なお、この本を読んでいただく際、最初から最後まで一気に読んでもらってももちろん構いませんが、できれば一章を読み進めるごとに立ち止まって、そこに書かれていることをご自分の人生の中で一～二週間ほど試してみていただければと思います。そして、少しでもこうした生き方に可能性を感じるようであれば、ぜひ続けていってほしいのです。実際にやってみていただくとわかると思いますが、こうした生き方をするには、今までの考え方や意識のあり方を大きく変える必要があります。それは残念ながら一朝一夕で変わるものではなく、意識的・継続的に実践することで徐々に変わっていくものです。言ってみれば、「意識の筋トレ」を行う必要があるわけです。

もちろん、この本に書かれていることをすべてそのまま真に受ける必要はありません。もしも試してみて、どうしても違和感が残るようであれば、手放していただいて結構です。ただ、この本を読むことがせっかく手に取ってくださった皆さんにとって「本当の自分を生きるとはどういうことか？」、そして「どうしたら本当の自分を生きることができるか？」といった問いに向き合い、新しい可能性に向けた一歩を踏み出すきっかけになることを強く願っています。

本当の自分を生きる——人生の新しい可能性をひらく8つのキーメッセージ　目次

本当の自分を生きる——人生の新しい可能性をひらく8つのキーメッセージ

第一章

理由なく自分の中から湧いてくる「内なる声」は天からの贈りもの

【エピソード1】会社を辞めて、アメリカに自費で留学

五回受けて五回落ちた留学試験

私には学生時代の頃からずっと海外に留学したいという想いがありました。幸い、私が勤めていた会社には海外留学制度があったので、入社した次年度から毎年のように応募しました。まずは英語のテストと小論文の審査があり、それに通ると役員面接があって、それに合格した人が毎年一～二名会社のお金で海外の大学に留学することができました。

しかし、結果は五回挑戦して、五回とも不合格。五回のうち四回は最後の役員面接まで行ったのですが、ダメだった理由を尋ねると毎回のように言われたのが「君が留学したいという気持ちは伝わってくるが、なぜ留学したいのかがわからない」ということでした。それもそのはず、自分自身ですらそれがわからなかったのですから。なぜかわからないけど留学したい。理由は明確

ではなかったけれど、留学したいという想いに嘘はありませんでした。

もちろん、適当な理由をつけることはできたでしょうし、何かしらのことは面接でも言ったと思いますが、やはりそれではとってつけたようになってしまい、百戦練磨の役員たちにとってはまったく説得力に欠けるものだったのでしょう。このままでは会社から行かせてもらうのは無理かもしれない。そんな考えが三回目に落ちたあたりから少しずつ自分の中に芽生え始めていました。

「人ありきの組織論」に心が動く

そんなある時、担当していた営業の仕事を通じて親しくなったあるソフトウエア会社の社長さんに「実は留学したいと思っているんです」と話したことがありました。すると、その社長さんは海外関係の事業をしている別の会社の社長さんを紹介してくれました。そして、その社長さんに自分の想いを伝えると、今度は留学サポートなどの仕事をしている人を紹介され、その人に会いに行くと「君と同じくらいの年齢の人で、今度留学しようとしている人がいるから会ってみたら？」とまた別の人を紹介されました。

最後に紹介されたその人にさっそく会いに行って話を聞いてみると、アメリカのサンフランシスコにあるCalifornia Institute of Integral Studies（略称：ＣＩＩＳ）* という名前を聞いたこともない大学で、組織開発・変容学（Organizational Development and Transformation）という、これまた聞いたこともない学問をその年の秋から専攻するつもりとのこと。「それってどんな学問なんですか?」という自分の問いに対し、彼が言った「まず組織ありきの組織論ではなく、まず人ありきの組織論なんだ」という言葉に心の針が振れたのを今でもよく覚えています。その人はその後も折に触れて、その大学でどんな勉強をしているのかを親切に教えてくれました。そして、話を聞けば聞くほど、自分の興味が高まっていくのを感じたのです。

*ＣＩＩＳ……一九六八年にインド人哲学者のハリダス・ショードリ博士によって東洋哲学と西洋哲学を統合するための研究所として設立されたが、のちに大学となった。いわゆる「ニューエイジ系」の大学として知られ、哲学や心理学系の学科を中心に斬新な教育プログラムを提供している。

想像とかけ離れていた授業風景

一九九三年の冬、どうしてもＣＩＩＳをこの目で見たくなり、それまでにたまっていた有給休暇を使って渡米することにしました。そして、実際に授業を見学させてもらうことになり、ある教室に通されると、そこで目にした光景は私が想像していたアメリカの大学の授業とはあまりにかけ離れていたので思わず面喰ってしまいました。

私は以前、アメリカのある有名大学でＭＢＡの授業を見学させてもらったことがあったのですが、その時目にした光景は、優に数百人は入りそうな大きな階段式の教室の前の方で、いかにも大学教授といった風情の威厳たっぷりの男の人が身振り手振りを交えながら話していて、これまたいかにも学生といった感じの若者たちが熱心に話に聞き入っている姿でした。

ところが、ＣＩＩＳで目にしたのは、小学校の教室くらいの小さな部屋に、老若男女が輪になって座り、全員が盛んに話している光景で、結局最後まで誰が先生なのかがわからないくらいでした。しかも、ただ見学しようと思っていたら、その輪の中に自分も加わるよう促されました。当時はまだ英語力が不十分だったこともあり、何を話しているのかほとんどわからなかったのですが、その輪の中に座っているうちに、不思議なことに自分が近い将来そこで学んでいるイメージが鮮明に浮かんできて、しかもそれがとても自然なことのように思えたのです。

ふと浮かんだ突拍子もない考え

会社から行かせてもらえないのであれば、会社を辞めて自費で留学するしかないわけですが、いざその選択肢について考えてみると、やはり自分の将来について不安を覚えないわけにはいきませんでした。名のある大学でＭＢＡの取得を目指すというのであれば卒業後に当時花形であった経営コンサルタントになる道も開かれていたでしょうが、誰も聞いたことがない大学や学科を出たところで、食べていける保証などまったくありません。

アメリカから日本に帰国し、そのまま年末年始の休暇に入ったある晩、ベッドの上で悶々と留学すべきか否かについて考えを巡らせている時、「そもそも、なぜ自分はこれほどまでに留学したいのだろうか？　この想いはいったいどこから来たのだろうか？」という疑問が湧いてきました。小学生の頃、父親の仕事の関係で四年ほどイギリスに住んでいたからとか、学生時代にワーキングホリデーという制度を使ってオーストラリアで一年ほど過ごしたからとか、もっともらしい理由を考えてみましたが、そういう経験がある人が皆、留学したいと思っているかといえば決してそんなことはありません。

では、どうしてなんだろう？　その時、ふと突拍子もない考えが頭に浮かびました。それは、「もしかしたら、この『留学したい』という想いは天から与えられた贈りものなのではないか」というものでした。これといった明確な理由があるわけではなく、しかもそれをするには多大なリスクと困難が伴うにもかかわらず、それでもやりたいというのは、それが自分を超えたどこかから来ているとしか考えられなかったのです。

そして、続いてこう思いました。「もしこの『留学したい』という想いが天から与えられた贈りものだとしたら、自分の恐れからそれに従わないのは天に対する冒涜かもしれない」と。いわゆる宗教とはまったく縁がないにもかかわらず、なぜそう思ったのかいまだに不思議ですが、この考えが浮かんだことで、それまでの迷いが一気に吹っ切れていくのを感じました。そして、年が明けて帰国後初めて出社した日に、さっそく上司に辞意を伝えることにしたのです。

キーメッセージ1：

理由なく自分の中から湧いてくる「内なる声」は天からの贈りもの

《キーメッセージ1についての解説》

理由なく湧いてくる内なる声

理由なく自分の中から湧いてくる考えや想いのことを私は「内なる声」と呼んでいます。ここでポイントとなるのは「理由なく」という部分で、自分の中から湧いてくる考えや想いの中でも、なぜそれが湧いてきたのか自分でもよくわからないものを指しています。

このように言うと、それはいわゆる「直感」とどう違うのかという疑問が出てくるかもしれませんね。確かに、何の脈略もなく、突然降って湧いてくるという意味では内なる声も直感の一部だと言うことができますが、私がわざわざそれらを分けているのは、内なる声には独特な質感があるからです。

その質感を一言で言うならば、「重み」ということになるでしょうか。直感の場合は、ちょっとした思いつきやひらめきのようなものも含みますが、**私が「内なる声」と呼ぶものは、自分の**

中から理由なく湧いてくる考えや想いの中でも、特に自分の人生を左右するようなインパクトがあるもので、もしもそれに従えば自分がこれから進んでいく方向が大きく変わってしまうような可能性を持った考えや想いを指しています。

今回のエピソードで言えば、まず「留学したい」という想いがそれに当たります。また、紹介されて会いに行った人から「まず人ありきの組織論」という話を聞いて心の針が振れたのもそうですし、ＣＩＩＳの授業を見学させてもらった時に近い将来そこで自分が勉強しているイメージが湧いたのも後述するように広い意味での内なる声です。さらに、「『留学したい』という気持ちは天から与えられた贈りものではないか」という突拍子もない考えが湧いてきたのは内なる声の最たるもので、これらに従うことで会社を辞めて自費でアメリカに留学するという大きな変化が自分の人生にもたらされたわけです。

内なる声は往々にして非常識で不都合なもの

内なる声のもう一つの特徴に「意外性」というのがあります。先ほど述べたように、内なる声は通常何の脈略もなく唐突に湧いてくるので、自分の中から出てきたにもかかわらず、自分自身がその出てきた内容にびっくりしてしまうという場合がほとんどです。また、それは自分にとって意外なだけでなく、周りの人たちにとっても意外である場合が多いようです。意外であるということは、一般的に想定されることの範囲外であるということですから、その声はともすると「非常識」なものだったりするわけです。

私の場合で言うと、「会社を辞めて留学する」というのは、少なくとも当時としては珍しい方でしたし、海外留学制度で五回も落とされた時点であきらめるのが普通だと思います。さらに、宗教とは縁がないにもかかわらず、「もしも留学したいという想いが天から与えられた贈りものだったとしたら」という考えが湧いてきたのも、自分にとって意外であったばかりでなく、そんな発想自体が非常識なものだと言えるのではないでしょうか。

非常識であるということは、同時に、自分にとっても、また周りの人たちにとっても「不都合」である場合が多いということでもあります。それが常識の範囲内であれば、周りの人たちも理解して受け入れてくれる可能性は高いでしょうし、自分としてもそれほど大きなリスクを負う必要はないはずです。しかし、私自身の経験から言えば、内なる声は往々にして非常識で不都合なものであり、それに従うことは何らかのリスクを伴う場合がほとんどです。そうでなければ、今頃、内なる声に従って生きている人はもっと多いでしょうし、私がわざわざこのような本を書く必要もなかったでしょう。

そういう意味で、内なる声は必ずしも心地のいいものとは限りません。むしろ、それが聞こえた時には居心地の悪さを覚える場合が多いでしょう。それ故、つい聞こえなかったふりをしてやり過ごそうとしてしまう可能性があります。でも、それが内なる声であれば、おそらくそう簡単には消えないし、消せないと思います。何の脈略も根拠もないのに、その声には妙に説得力があるというか、かなり大きなインパクトが自分の中に残ります。この「インパクトの大きさ」やその「持続性」も内なる声の一つの特徴かもしれません。それは少し時が経てばすぐに忘れてしまうような一過性の単なる思いつきとは違います。**どんなに聞こえないふりをしようとしても、なぜか気になったり、どこか引っかかりを覚えたりする声は内なる声である可能性が高い**と言えるでしょう。

理由なきものにこそ自分らしさがある

ここで注意しなければならないのは、たとえ自分の中から湧いてきた考えや想いであっても、もともとは外からやって来たものというか、自分のオリジナルではない考えや想いがあるということです。いや、むしろ私たちの中はそういう考えや想いであふれていると言っても過言ではありません。私たちにはつい無意識のうちに周りからの期待だったり、世間体とか常識と呼ばれているものだったりを自分の中に取り込み、あたかもそれが自分の考えや想いであるかのように思い込んでしまっているところがあります。そして、そういう考えや想いにはたいがい「なぜそう思うのか」という理由が付いています。

理由が付いているということは、それらの考えや想いは理性から導き出されたものである可能性が高いということを意味しています。理性というのはもともとその人に備わっているものではなく、大きくなるにつれて親や学校の先生など身近な大人たちと密に接する中で次第に身に付いていくものなので、いわば「後天的」なものだと言えます。したがって、なぜそう思うのかがすぐに説明できてしまうような考えや想いというのは、純粋な意味でその人オリジナルなものとは言えないのではないかと私は思うのです。

一方、**なぜそう思うのかがすぐには説明できない、いわば「理由のない」考えや想いであればあるほど、それだけ他者や世間の影響を受けていないその人オリジナルなものである可能性が高い**ということを意味しています。つまり、理由なきものにこそ自分らしさが潜んでいると言っても過言ではないのではないか。そう考えるに至ったのです。

内なる声に従うことが本当の自分を生きること

せっかくこの世に生を受けた以上、他の誰でもない、自分だけの自分らしい人生を生きたいとは誰もが願うことでしょう。そして、この「他の誰でもない、自分だけの自分らしい人生を生きる」ということがすなわち「本当の自分を生きる」ということだとすれば、そのために私たちが心がけなければならないのは、もっと自らの内なる声に耳を傾けることではないかと私は考えています。

なぜなら、**自分の外からやって来たものではなく、自分の内から理由なく湧いてきたものにこそ「自分らしさ」が潜んでおり、それに従っていくことがもっとも自分らしく生きることにつながる**と思うからです。私が内なる声を「天から与えられた贈りもの」だと考える理由は、まさにここにあります。もちろん、その考えが最初に湧いてきた時にはなぜそうなのか私自身にも皆目わかりませんでしたが、その後二十年以上にわたって、ただひたすら自らの内なる声に従って生きる中で次第にそのつながりがわかってきたのです。

英語でその人の本性や本質のことを“nature”と言います。ご存知のように、これは「自然」という意味を持つ言葉でもあります。このことは、その人の「本性＝自分らしさ」がその人の中から「自然」に湧いてきたものの中にあるということを指し示していると思うのです。つまり、**「内なる声」に従って生きることが、実はその人にとってもっとも自然な生き方である**と言えるのではないかと思うのですが、いかがでしょうか?

どうしたら内なる声に気づけるか

では、仮にあなたが内なる声に従って生きることに価値を見出してくれたとして、次に出てくる疑問は「どうしたらそれに気づけるようになるか」ということではないかと思います。まず出発点として挙げられるのは、自分の中にも内なる声があるということを信じ、それに聞き耳を立てることです。イメージとしては、自分の内側に対してアンテナを張るような感じです。**自分の中は常にいろいろな声であふれていますが、その中でも自分がなぜそう思うのか明確な理由もないのに、どうも気になる声に耳を澄ます**のです。

この際、好奇心を持つことがとても大切になります。「どれが内なる声なんだ?」と正解を求めるような感じになってしまうと焦りが出てきてしまって、かえって逆効果かもしれません。少しでも心の針が振れるような感覚があれば、あたかも小さな子どもが珍しいものを見つけた時にするように、好奇心全開でそれに注意を向けるのです。

あと、それは必ずしも「声」として聞こえるわけではありません。私の場合はある考えや想いが言葉あるいは文章として頭の中に浮かんでくることが多いのですが、人によってはイメージが浮かんで来たり、身体的な感覚として感じ取ったり、文字通り声が聞こえるという場合もあるかもしれません。同じ人でも時によって異なる聞こえ方がする場合もあるでしょう。今回のエピソードで留学前にその大学を訪れ、授業を見学した時に「ここで自分が勉強しているイメージが湧いた」という話をしましたが、その時は言葉や文章ではなく、自分がまさにこの教室に座って授業を受けているイメージが鮮明に湧いたのと同時に、身体中の細胞が「イエス！」と言っているように感じたのを覚えています。

それから、どんな時に内なる声は聞こえやすいかと言うと、私の場合は自然の中にいる時の方が都会の人工的な環境の中にいる時に比べて聞こえやすいような気がします。先ほども触れたように、英語の“nature”という言葉には「自然」という意味と「本性」という意味がありますが、自然の中にいる時の方がその人が自らの本性につながりやすいからかもしれません。それもあって、私自身、常日頃からなるべく自然に触れる機会を多く持つように心がけています。

内なる声かどうかはそれに従ってみないとわからない

上に述べたようなやり方で自分の中から理由なく湧いてくる声に耳を澄ましているうちに、あなたにもそれらしきものが聞こえたとします。さて、あなたはどうしますか？　それが本当に内なる声なのかどうかに確信が持てず、なかなかそれに従うことができないということもあるかもしれませんね。

私にしても最初から自分の内なる声に確信を持っていたわけではありません。「留学したい」という内なる声が最初に聞こえた時は、自分がどれくらい本気であるかまったくわかりませんでした。そんな時、勤めていた会社に海外留学制度が新たにできたという話を聞いて、これ幸いとそれに応募したのが最初のアクションでした。「ダメ元」で気軽に応募したつもりでしたが、不合格という結果を受けた時、意外にもかなり落ち込んで、悔しい想いをしたことから、自分が思っていた以上に本気であることに気づいたのです。

それ以来、毎年一回行われるその海外留学制度にチャレンジし続けると同時に、留学関係の雑誌や本を取り寄せて読んだり、会社の出張でアメリカを訪れた時にすでに同じ会社から派遣されて留学していた同期を訪ねて話を聞いたり、自分ができることをやりました。また、機会があるたびになるべく自分の「留学したい」という想いをいろいろな人に話すようにもしていました。これらの行動を積み重ねていったことが結局どこで何を勉強するかも含めて、自分の留学を具体化することにつながっていったわけです。

大事なことは、内なる声らしきものが聞こえた時にそのままにしておくのではなく、たとえ小さなことでも構わないのでその声が示唆している方向に向かって自分が無理せずにできることをやってみることです。それによって、さらに自分の気持ちが高まるようであれば、それは内なる声だということになるでしょう。つまり、それが内なる声かどうかはそれに従って動いてみないとわからないということです。

内なる声に従うかどうかを決めるのは自分

とはいえ、必ずしも内なる声に従わないといけないというわけではありませんし、従わないと生きていけないというわけでもありません。内なる声を意識したり、それに従ったりしなくても十分満足のいく人生を生きている人は世の中にたくさんいるでしょう。

では、なぜ私がこれほどまで内なる声にこだわっているのかと言えば、先ほども述べたように、自分が他の誰でもない、自分自身の人生をもっとも自分らしく生きるには、自分の中から理由なく自然に湧いてくるものをひたすら大切に育んでいくしかないと考えているからです。言い換えれば、いったい自分は何者で、何のためにこの世にこうして生まれてきたのかを知りたいという想いが常に自分の根底にあるからです。

こうした生き方は決して楽ではありません。いつどんな内なる声が聞こえるかわかりませんし、それは得てして人生の大きな変化を伴うものなので、それに忠実に従おうとすると安定とは無縁な人生になりがちです。しかし、見方を変えれば、それは変化に富み、刺激に満ちた人生となり得るということでもあります。

ここで大切なのは、内なる声に従うにしても、従わないにしても、自分で決めるということです。**内なる声は「命令」ではなく、あくまでも「贈りもの」**なので、それが聞こえたからといって、その通りにしなくてはならないという道理はありません。それでは、自分で自分の人生が決められずに、占いに頼ってしまうのと同じく、内なる声に依存することになってしまいます。誰のどんな声に従うにしても、最終的に決めるのは自分だということをしっかり意識しておく必要があるでしょう。

人生は保証がないからこそおもしろい

たとえ自分の中から湧いてきた考えや想いが内なる声だという確信を持つに至ったとしても、それにいざ従おうとすると足がすくんでしまうこともあるでしょう。特に、それが人生の大きな変化を伴う場合はなおさらです。もしかしたら「内なる声に従ったところでうまくいく保証はないぞ」と理性がささやくのが聞こえるかもしれません。そう、理性の言う通り、保証はありません。ただ、それは内なる声に従った場合だけでなく、それこそ理性や常識に従った場合でもまったく同じです。今の時代、「人生はこのように生きれば大丈夫」という保証はどこにもなく、どのように生きたとしてもリスクがあることには変わらないのです。

リスクがあるということは、どういう結果になるかが前もってわからないということです。私の場合も会社を辞めて留学するにあたって、「留学したら、自分の人生はきっとこうなる」ということが見えていたわけではありません。もし見えていたとしたら、それはきっとつまらないのではないかという気がします。結末がわかっている推理小説を読むことほどつまらないものはありませんし、結果を知ってから録画したサッカーの試合を見ても何となく盛り上がらないのと同じです。

将来のことを考えるといろいろと不安が出てきて、つい保証を求めたくなる心理は誰の中にもあると思いますが、もしも実際に保証があったとしたら人生は楽しいだろうか、それで本当に人は幸せになれるのだろうか、という疑問が私の中にはあります。むしろ、人生というのは保証がないからこそおもしろいのではないか、そんなふうに私は思うのです。そして、**同じリスクを取るのであれば、内なる声に従って自分らしい人生を生きた方がよほどいい**のではないかと思うのですが、あなたはどう思いますか？

内なる声に従って生きるには覚悟が必要

先が見えず、うまくいく保証がないということと並んで、多くの人が内なる声に従うのを躊躇するもう一つの大きな理由は、周りの人たち、特に自分にとって大事な人たちによく思われないのではないかという恐れがあるからだと思います。先ほど、内なる声は往々にして自分だけでなく、周りの人たちにとっても非常識で不都合なものである場合がほとんどだと述べました。つまり、あなたが内なる声に従うことで、その人たちとの間に何らかの摩擦や軋轢が生じる可能性が大いにあり得るということです。

私の場合も、会社を辞めて留学するという話をした時、実に多くの人に反対されました。特に、父親からは強硬な反対に遭いました。「それは無謀な選択だ」と。もちろん、父親をはじめ、反対した人たちは私のことを心配してそう言ってくれたのだと思いますが、その頃にはもう内なる声が押さえつけられないほど強くなっていたので、ありがたくは思いつつもそれらの声によって自分の決意が揺らぐことはありませんでした。結局、留学をしたことがきっかけで私が自分らしい生き方をするようになったのを見て、父親はその後私の生き方に口出しをすることは一切なくなりました。

このように、その時はなぜあなたがそのような行動をとるのかがわからなかったとしても、特にあなたのことを大事に思っている人たちであればあるほど、結局はあなたが幸せになることを願っているわけで、最終的にあなたが自分らしい生き方をしているのを見ればその人たちもきっと安心するはずです。そのような状態になるまでにはそれなりに時間がかかるかもしれません。私の場合も、父親が私の選択を本当の意味で認めてくれるまでには五年ほどの月日を要しました。私はその後も内なる声に従って非常識かつ不都合な決断をたくさんしてきましたが、その時は反対したり、疑問を投げかけたりしていた人たちから、しばらく経って「なぜあなたがあの時あのような決断をしたのかがやっとわかるようになった」と言われることがよくあります。

もちろん、あなたが下した決断によって影響を受ける人たちに対して最大限の誠意をもって自分の想いを伝えていくことは最低限必要なことだと思います。しかし、**内なる声はそもそも「理由がない」のが特徴ですから、すべての人を納得させるのは難しい**と思った方がいいでしょう。その結果、その人たちとの関係に波風が立つこともあるでしょうが、結局はそうした結果をも引き受ける「覚悟」があなたにあるのか、ということになると思います。厳しいことを言うようですが、その覚悟なくしては「本当の自分を生きる」ことは難しいと私は考えています。

さて、あなたには今どんな内なる声が聞こえているでしょうか？　そして「本当の自分を生きる」べくそれに従い、その結果を引き受けていく覚悟はあるでしょうか？

第二章

シンクロニシティはその人が進むべき道を指し示す道しるべ

【エピソード2】

人生を変えたコーチングとの出会い

辿り着いたテーマは「天職創造」

留学先のCIISで専攻した組織開発・変容学は、簡単に言うと、「組織の中で働く人たちがいかに生き生きと働くか」を扱った学問ですが、一学期目、二学期目と過ごしていくうちに、自分の関心は組織をどうするかということよりも、人がどう生きるかということに移っていきました。そのきっかけとなったのは、二学期目に別の学部が提供していた"Live your values, and still pay the bills"（「自分らしく生きて、かつ生計も立てよう」というような意味）という風変わりな名前の授業をとったことでした。それは、それまでに受けたどの授業よりもワクワクするもので、困ったことにその授業を受けてから組織論に関する授業に対する関心がほとんどなくなってしまいました。

わざわざ会社を辞めてまで留学したのに、そこで選んだ学問に対する関心をこんなにも早く失ってしまったことに当惑しつつ、新たに芽生えた興味をどうやって追求しようかと考えていたところ、CIISには「インデペンデント・スタディ」という制度があるということを知りました。これは、自分で学習するテーマを決め、先生を誰にするかや教科書をどの本にするかを含め、自分で授業をデザインできるという、私のような状況に置かれた学生にとっては願ってもないしくみだったのです。そこで、私はその風変わりな授業を教えていた先生に無理やり頼み込んで、次の学期からこの制度を使って個別指導をしてもらうことにしました。

この頃から私は、いずれ日本に帰国したら、仕事に何らかの迷いを感じている人たちをサポートするような仕事がしたい、と強く思うようになっていました。折しも日本ではバブルがはじけ、日本企業が長らく維持してきた終身雇用制が崩れたことで、これからは自分のキャリアは自ら築いていかなければならないと言われ始めた頃でした。その急激な変化に戸惑っている人たちも多く、その状況に対して何かできることがあるのではないかと思ったわけです。そこで私は、インデペンデント・スタディという制度を活用しながら「どうしたら人は生き生きと仕事をすることができるか」をテーマに独自の研究を進めることにしました。そして、そのプロセスを通じて気づいたことを「天職創造」というコンセプトにまとめ、同時にそのコンセプトにもとづいたワークショップを開発することにしたのです。

三人から薦められたコーチング

ワークショップを開発しながら、私はこれだけでは不十分だと感じていました。というのも、仮にすばらしいワークショップができたとしても、それに参加してくれた人たちが生き生きと仕事ができるようになるまでのプロセスを継続的にサポートするしくみがなければ、ただ単に「楽しいワークショップだった」で終わってしまうのではないかと思ったからです。そこで、ワークショップ後も継続的なサポートをする上で効果的な方法はないかと思い、それについて機会があるごとにいろいろな人に話していたら、別々の機会に三人の人から「コーチングを勉強してみたら?」と言われたのです。

多くの人がそうであるように、私も最初に「コーチング」と聞いた時は、すぐにスポーツのコーチを連想してしまい、正直言ってあまりピンと来ませんでした。しかし、さすがに三回も同じことを言われると、そのシンクロニシティ（意味のある偶然の一致）を無視するわけにもいかず、一九九五年の秋、彼らが共通して名前を挙げたThe Coaches Training Institute（略称：ＣＴＩ）[*]という会社が提供するコーアクティブ・コーチング[**]の基礎コースに参加してみることにしたのです。すると、それは「まさに、これぞ自分が探していたものだ！」と思わず叫びたくなるほど自分が求めていたものにピッタリだったので、すぐにその場で次の応用コースにも申し込むことにしました。

*CTI……一九九二年にヘンリーとキャレンのキムジーハウス夫妻、そして故ローラ・ウイットワースの三人によって設立されたコーチ養成機関。現在、日本を含む世界二十ヶ国以上でコーチング・プログラムおよびリーダーシップ・プログラムを提供しており、その参加体験型のトレーニングには定評がある。

**コーアクティブ・コーチング……CTIが提供するコーチング体系の総称。「コーアクティブ」とは「協働的」という意味で、コーチをする側と受ける側がともに対等な立場で、互いの持っている力を存分に発揮し合いながら、望ましい変化を一緒に創り出していく、という考え方や関わり方を表している。

二つの思い切った行動

CTIの応用コースには、当時、フルフィルメント、バランス、プロセスという三つのコースがありました。そして、その先には半年間にわたる資格コースが待っていました。私は、最初の基礎コースを受けた瞬間から最後まで行きたいと思っていたのですが、貧乏留学生だった自分には、応用コースを受講するのが精一杯で、とても資格コースまで受講するだけのお金はありませんでした。でも、どうしても行きたい。そこで、二つの思い切った行動を取ることにしました。一つは、CTIに手紙を書いて、奨学金を出してくれないかと依頼したこと。そして、もう一つは、会社勤めをしていた頃に営業でお世話になったあるソフトウエア会社の社長さんにお金を貸してもらえないかと依頼したことです。

その後ひと月以上、どちらからも何の返事もなかったので、「非常識なお願いをして怒らせてしまったのかな」と半ばあきらめかけていた頃、すでに申し込んでいた応用コースのうちの一つであるバランス・コースに参加しました。

信じられないシンクロニシティ

当時、CTIはまだ創業まもない頃だったので、どのコースも三人の創設者が自ら教えていたのですが、コースが終わった後に彼らから呼ばれて控え室のようなところに入ると、「例の奨学金の件、今まで私たちはそんなことをしたことがないのだけれど、あなたの熱意に免じて半額だけ出すことにしたわ」と言われたのです。もちろん、飛び上がるほどうれしかったのですが、まだ手放しで喜ぶことはできませんでした。というのも、半額だけではまだ資格コースに申し込むことができなかったからです。

あと半額をどうしたらいいか思い悩みながら、その日家に帰ってくると、電話が鳴っているのが聞こえました。慌てて受話器を取ると、なんと借金を依頼した社長さんからでした。そして、「君に頼まれたお金をどうやって工面しようか考えていたので遅くなってしまったけど、いい方法が見つかったので君の銀行口座を教えてくれないか」とおっしゃるではありませんか！

依頼した両方から同じ日に前向きな返事が来るという信じられないシンクロニシティに、「これで資格コースに行けるぞ」という喜びと同時に、「これは何かが自分にコーチングを学べと言っているとしか思えない」という運命的なものを感じました。

三人からほぼ時を同じくしてコーチングを薦められたことも含め、こうしたシンクロニシティは、あたかも「それがあなたの進むべき道だ」と指し示してくれる道しるべのようなものではないか、とこの時思いました。そう思うと、なんだか身が引き締まるような、武者震いがするような気持ちになったのを今でもよく覚えています。

キーメッセージ2：

シンクロニシティはその人が進むべき道を指し示す道しるべ

《キーメッセージ2についての解説》

シンクロニシティとは何か

「シンクロニシティ」とは、もともと二十世紀の半ばに心理学者のカール・ユングが、ほぼ同時期に離れた場所で同一の現象が起こることを説明するために使った言葉で、「共時性」と訳されたりしています。現在では、その元来の意味から少し拡がって、**「意味のある偶然の一致」**を指すようになり、略して「シンクロ」と呼ばれることもあります。

この後者の定義で肝心なのは「意味のある」という部分です。誰にとって意味のあることなのかと言えば、それは偶然の一致に気づいた本人にとってということになります。つまり、それに意味を見出すかどうかはその人次第であって、結局のところ、その人が「これはシンクロだ」と思えば、それはシンクロになるということです。

今回のエピソードでご紹介したように、アメリカ留学中に「天職創造」というコンセプトにもとづいたワークショップを開発し、それに参加してくれた人たちが実際に生き生きと仕事ができるようになるまでのプロセスをサポートするための効果的な方法を探していた時、私は異なるタイミングで異なる三人の人たちから「コーチングを勉強してみたら？」と言われました。これを「ただの偶然」と片づけて、そのままにしておくこともできたでしょう。事実、最初に言われた時は、「コーチング？　それは何かスポーツに関することではないのか。自分が探しているのはそういうものじゃない」と思い、真剣に取り合いませんでした。加えて、私は自分の学生時代におけるクラブ活動の経験から「コーチ」というと「口うるさく指導する人」というイメージがあって、あまりいい印象を持っていませんでした。それもあって、二人目に同じことを言われた時もまだ行動を起こしませんでした。そして、三人目に言われた時にようやく「これは何か意味があるのでは？」と思い、ついにコーチングのコースに申し込むことにしたのです。

要するに、三人の異なる人たちから異なるタイミングでコーチングの勉強を薦められたという「偶然の一致」に何か「意味がある」と私が感じた時点で、それは初めてシンクロになったわけです。

シンクロは天からのフィードバック

私がシンクロというものに初めて気づいたのは、おそらくこの三人の人たちからコーチングの勉強を薦められた時だったように思います。それまでは何かの本でそういう現象があるということは読んだことがありましたが、特に気に留めてはいませんでした。しかし、それからは何らかのシンクロを経験するたび、それが示唆する方向へ意識的に一歩踏み出してみることにしたのです。最初のうちはまだ半信半疑なところがありましたが、それを繰り返していくうちに、それらのシンクロが必ずと言っていいほど自分にとって大事な出会いや転機につながっていることに気づき、それが「自分が進むべき道を指し示す道しるべ」であるという確信がますます深まっていったわけです。

シンクロはまた、「道しるべ」であると同時に「フィードバック」でもあると私は考えています。つまり、**自分が何らかの行動を起こした時、もしもあるシンクロが起きれば、それは天が「そっちの方向でいいんだよ」と言ってくれているようなもの**だと私はとらえているのです。今回のエピソードでご紹介した、コーチングの資格コースに進むための費用を工面するときに起きたシンクロはまさにその典型的な例でしょう。

正直、ＣＴＩに奨学金の支給を、そして知り合いの社長さんに借金を依頼した時、私はいわゆる「ダメ元」という気持ちでそれらの行動を起こしました。そして、もしも断られたら資格コースに進むのを諦めるしかないと思っていました。すると、意外なことに、両方から承諾の返事をもらっただけでなく、同じ日にそれらの返事をもらったわけです。この信じられないようなシンクロが起きた時、私はそこに「天の意志」を感じずにはいられませんでした。天が自分にこの道を進めと言っている、そう私は思ったわけです。

実は、これには後日談があります。資格コースに進むためには、その費用を支払うだけでなく、もう一つ条件がありました。それは、「コースが始まるまでに有料クライアントを五名以上見つける」というもので、これは私にとって非常に厳しい条件でした。というのも、まだ資格を持っておらず、しかも英語が母国語ではない自分にわざわざお金を払ってコーチングを受けてくれる奇特な人などなかなかいないだろうと思ったからです。事実、コースが始まる一週間前になっても、まだ一名しか見つかっていませんでした。

ちょうどその時、すでに申し込んでいたコーチングの応用コースにおける最後のコースに参加する機会があり、そこでまたしても思い切った行動を取りました。すなわち、他の参加者たちの前で自分の実情を話し、「皆さんの周りで、誰か有料で私のコーチングを受けてもいいという人がいれば、ぜひ紹介してほしい」とお願いしたのです。その時は何の反応もなく、やっぱり難しいかなと思っていたら、明くる朝そのコースに参加していたある女性から電話がかかってきて、いきなり「おめでとう！　あなた、資格コースに進めるわよ」と言われたのです。その瞬間は呆気にとられて彼女が何を言っているのかさっぱり意味がわからなかったのですが、よく話を聞いてみると、彼女が片っ端から知り合いに連絡をとり、なんと一晩のうちに残りの四人を見つけてくれたと言うではありませんか。これは何かが偶然に一致したというわけではないので、厳密な意味ではシンクロと言えないかもしれませんが、私にとっては、やはり「この道を進め」という天からのフィードバックだと思えて仕方がありませんでした。

すでに起きているシンクロに気づく

さて、シンクロがどういうものかがわかったところで次に浮かんでくるのは、どうしたら自分の人生においてもシンクロが起きるのだろうかという疑問ではないでしょうか？　これはもっともな疑問ではありますが、そのことについて考える前に、まずはどうしたらすでに起きているシンクロに気づけるかについて考える必要があります。というのも、**シンクロというのは私たちが考える以上に、実は頻繁に起きている**と私は思うからです。すでに起きているシンクロに気づけていないのに、さらなるシンクロが起きるように願ってもあまり意味がありません。

では、どうしたらすでに起きているシンクロに気づけるのでしょうか？　それにはまず、シンクロという現象が存在すること、そしてそれには意味があることを受け入れる必要があります。シンクロという現象があることをそもそも知らなかったり、仮に知っていてもその意味については疑心暗鬼だったりすれば、たとえ目の前でシンクロが起きていたとしても、その人の目には入らないでしょう。

そもそも「シンクロが起きない」と言う人たちは、多くの場合、シンクロを厳密に考え過ぎているような気がします。もちろん、私が今回のエピソードでご紹介したような、わかりやすい「偶然の一致」もありますが、先ほどご紹介した、ある女性が私のために一肌脱いでクライアントを見つけてくれた話などはいわゆるシンクロの定義には当てはまりません。でも、私にとってそれはシンクロと同様、天からのフィードバックであるとしか思えなかったのです。つまり、そのことに意味を感じたわけですね。このように、「意味のある偶然の一致」まではいかなくとも、「意味のある偶然」というのはしょっちゅう起きているはずなので、まずはそれらに気づくことから始めるのがいいと思うのですが、いかがでしょうか？

「たまたま」に敏感になる

ここでちょっと考えてみていただきたいのは、そもそも「偶然」とは何かということです。それは、それほど大袈裟なことではなく、ただ単に「目の前で起きたことが自分の意図したことではなかった」というだけのことではないでしょうか？　偶然をこのように定義すれば、それは頻繁に起こっていることがわかるでしょう。たった一日の中でさえ、自分が意図したわけではない出来事などいくらでも起きているはずです。

自分が意図したわけではない出来事が起きた時、そこには「意外性」があります。特に、**「えっ、うそ」「まさか」「信じられない」といった反応が自分の中で起こった場合は、それがたとえ絵に描いたようなシンクロでなかったとしても、広い意味でのシンクロと見なすことができる**と思います。たとえば、ある人のことを考えていた時に、「たまたま」その人から電話がかかってきた、というようなこともシンクロだと言えるでしょう。したがって、シンクロに気づくための一つの方法は、こうした「たまたま」に敏感になることです。

実際、私の人生も「たまたま」の連続です。今回のエピソードで触れたことだけに限ってみても、組織論に飽きてきた時に別の学部が提供していた風変わりな授業を「たまたま」見つけたり、新たに芽生えた関心をどうやって追求しようかと思っていたら、「たまたま」インデペンデント・スタディという制度があることを知ったり、ワークショップに参加してくれた人たちをサポートするための効果的な方法を探していたら、「たまたま」三人の人たちから別々の機会にコーチングを学ぶよう薦められたりなど、本当に「たまたま」だらけです。

悪いシンクロというのはない

こうやって書くと、私が単に運がいいだけだと思われるかもしれませんが、こうした「たまたま」もただそのまま放っておいたら、自分が進むべき道など見えてはきません。それらの出来事がシンクロ、すなわち「意味のある偶然」となるためには、それらが意図せずそのタイミングで自分に起きたことに何らかの意味を見出す必要があります。つまり、**シンクロとはそれが自分にも起こるようにただ願うだけの受動的な現象ではなく、それに気づき、さらに意味づけをしていく能動的な現象**なのです。

この「意味づけ」については、このあと第四章でまた詳しく話しますが、ここではシンクロの意味づけに関してよく陥りがちなことについて少し触れておきたいと思います。一つは、自分の身の回りであまりシンクロらしき現象が起きていないと感じた時、それを「もしかして自分は間違った道を進んでいるのではないか」と解釈してしまうことです。これに関して言えば、シンクロがあまり起きないからといって、間違った道を進んでいるということにはならないと私は思います。もしもそのように解釈して思い悩んでしまうくらいならば、シンクロについてはむしろ手放し、気にしない方がいいかもしれません。

もう一つは、シンクロと言われるものの中には「悪い」シンクロというのがあるのではないかという疑問です。私は、シンクロ自体には「いい」も「悪い」もないと思っています。要はそれをどう解釈するかの問題であって、たとえそれがどんなシンクロであったとしても、それを自分がこれから進むべき道を指し示す道しるべだととらえることができれば、悪いシンクロというのは基本的に存在しないと言えるのではないでしょうか？

たとえば、以下のようなケースを考えてみてください。自分が苦手だと思っている人で、普段は滅多に会うことがないのに、同じ日に二回も違う場所でばったりと鉢合わせしたとします。さて、あなただったらこのシンクロをどう解釈しますか？　このことについて「なんて今日はついてないんだ。これは当面あまり外を出歩くなってことかな」と解釈することもできますし、「苦手な人ではあるけど、この人と何か話をする必要があるってことかな」と解釈することもできます。ちなみに、私であれば、このような場合は通常、後者の解釈をしますが、どのような解釈をするにしても、**シンクロ自体にいい悪いがあるわけではなく、要はあなたがそれをどう解釈するかであなたの進むべき道は変わる**わけです。

天がシンクロを通じて私たちが進むべき道を指し示してくれるとは言っても、一から十まで懇切丁寧にどうすればいいかを示してくれるわけではありません。むしろ、それは「問いかけ」もしくは「投げかけ」みたいなものであって、それをどう解釈し、どのような道を実際に歩むかは私たち自身が決める余地を残してくれているのです。そうでなければ、あらかじめ決められたレールの上をただ歩くだけの人生になってしまい、面白くも何ともありません。

シンクロは手を変え、品を変え何度でもやってくる

シンクロに気づくということに関して、よく聞かれることの一つに「もしも見逃してしまったら、どうしたらいいのか?」ということがあります。先ほども述べたように、シンクロというのは私たちが思っている以上に頻繁に起こっています。ということは、一度シンクロを見逃したとしても、それは決して取り返しがつかないというようなことではありません。もしもシンクロが天から私たちに指し示される道しるべなのだとしたら、それは一度見逃したからといって、それ

っきりということはないはずです。「せっかくお前が進むべき道を示してやったのに、見逃すならもう示してやらない」なんてけちなことを天は言わないでしょう。

私は、**それが大事なシンクロであればあるほど、ちょうど「回転ずし」のように、一度見逃しても、何度もまた回ってくる**ものだと思っています。最初に「コーチングの勉強をしてみたら？」と言われても動かず、二人目に言われても動かなかった私の前に三人目が現れたのはまさにそのいい例でしょう。二人目に言われた時にも「あれ？」とは思いましたが、三人目に言われた時にはなんだか念を押された感じがして「これは従わなければならない」と観念しました。まさに「三度目の正直」だったわけです。

もちろん、見逃さないにこしたことはありません。シンクロにはタイミングというのがあり、あまり何度も見逃していると回転ずしと同様、鮮度が落ちてしまうということはあるでしょう。きっとそれだけ何度も見逃すとしたら、それは気づかなかったというより、気づいているんだけれども、シンクロが指し示す道に進むことが怖くて、あえて気づかないふりをしているだけということも考えられます。

もしも本当に見逃してしまったのだとしたら、それは「ネタ」が変わったことに気づかなかったという場合もあるかもしれません。何度も回ってくるとは言え、いつも同じネタが回ってくるとは限らないのがシンクロのおもしろいところなのです。天はまさに「手を変え、品を変え」私たちに道を指し示そうとしてくれているのでしょうが、皮肉なことに、私たち自身がその「善意」に気づいていないと、かえってその「変化球」を受け損ねてしまう可能性があるわけです。そのようなもったいないことにならないよう、ネタが変わることもあるということをあらかじめ知っておいた方がいいでしょう。

シンクロを惹きつける磁場を形成する

ここまではどうしたらすでに起きているシンクロに気づきやすくなるかについて述べてきましたが、ここでどうしたらさらにシンクロが起きやすくなるかについても触れておきたいと思います。シンクロというのは、基本的に私たちのコントロールが及ばない、いわば「天の領域」で起こる現象なので、それを意図的に起こすことは残念ながらできません。ただ、それが起こりやすい状態を意図的に創り出すことはできると思います。

それは、とにかく自分が心からやりたいと思っていることについて機会があるたびに話すことです。今回のエピソードで取り上げた二つのシンクロ、そして先ほどご紹介した、コーチングの資格コースに進むために必要なクライアントを見つけてくれた女性の話のいずれのケースにおいても、私が「実はこういうことがやりたいんだけれども」という話をしたことがそもそものきっかけとなっています。私の経験から言わせていただくと、このように、**自分がやりたいことを人に話せば話すほど、シンクロが起きやすくなります。**

ところが、多くの人は、自分がやりたいことを人に話すことにためらいを感じる傾向があります。それはおそらく、自分が話したことを馬鹿にされたり、否定されたり、無視されたりするのではないかという恐れがあるからでしょう。でも、まさにその恐れの気持ちそのものがシンクロを遠ざけてしまいかねないと私は思います。というのも、**シンクロが起きやすくなるためには、その人自身の心が開いている必要がある**と思うからです。**そしてそのシンクロに気づきやすくなるためには、**

ここで勘違いしていただきたくないのは、「自分がやりたいことを話せば、必ずシンクロが起きる」というわけではないということです。むしろシンクロが起きることにあまりこだわり過ぎると、かえってシンクロが起きにくくなる可能性があります。シンクロが起きようが起きまいが、心を開いて、とにかく機会があるたびに自分がやりたいことを話すようにすること。それが大事だと思います。そうすることで、その人の周りにある種の「磁場」のようなものが形成され、それがシンクロと呼ばれる現象を惹きつけるのではないかと私は考えています。

シンクロと内なる声はコインの表裏

最後に、シンクロと前の章で取り上げた内なる声との関係について触れておきたいと思います。ここまで読んでいただいてすでにお気づきかもしれませんが、シンクロも内なる声と同様、天から与えられた贈りものだと言うことができます。また、逆に内なる声もシンクロと同様、自分が進むべき道を指し示してくれる道しるべだと言うことができます。つまり、両方とも自分がこれからどっちの方向に進んでいったらいいかに関する天からの「サイン」だととらえることができるわけです。

二つが異なるのは、内なる声は自分の内側から来るサインであるのに対して、シンクロは自分の外から来るサインであるということです。感覚的に言うと、内なる声は自分の背中を押してくれるようなもので、シンクロは「こっち、こっち」と自分を手招きしてくれるようなものと言えるでしょうか。要するに、サインがどこから来るかという違いだけで、内なる声とシンクロは基本的につながっているわけです。**内からも外からも常にいろいろなメッセージが自分に対して発せられている。**そういうふうに考えると「ありがたい」という気持ちすら湧いてくるのではないでしょうか?

内なる声とシンクロとはまた、お互いを補完する関係にあります。つまり、**内なる声に従えば従うほどシンクロが起きやすくなり、シンクロに従えば従うほど内なる声が聞こえやすくなる、**ということです。そういう意味では、これら二つは同じコインの表裏ととらえることもできるかもしれません。したがって、内なる声とシンクロを別々に取り扱うというよりも、両方に対して同時に注意を払うことでいわゆる「相乗効果」が起き、他の誰でもない、自分だけの自分らしい人生を生きるという方向に向かってさらなる推進力が働くようになるのです。

さて、今あなたの周りではどんなシンクロが起きていますか? そして、それはあなたにどんな道を指し示しているのでしょうか?

第三章

流れに乗ると、思いがけない形で人生の扉が開かれる

【エピソード3】
出版をきっかけに、会社を設立

思いがけず売れた本

アメリカ留学から帰国してしばらくの間は、留学中に開発した天職創造セミナーというワークショップ形式の参加体験型プログラムを実施し、それに参加してくれた人たちの中で希望者に対してコーチングを提供するという個人ビジネスを細々とやっていました。そのうち、参加者の人たちから「天職創造もいいけど、コーチングもおもしろそうだから、ぜひ教えてもらえないか」という要望をいただくようになりました。

そこで、勉強会形式でコーチングを教えるようになったのですが、そうこうするうちにどこで噂を聞きつけたのか、人材教育系の雑誌でコーチングに関する記事を書いてほしいと頼まれたり、研修会社からコーチングに関する講演や研修をしてほしいと頼まれたりするようになりました。

そんな中、ＣＴＩの創設者たちが自ら標榜する「コーアクティブ・コーチング」についての本を出版することになり、私もその日本語版をぜひ日本で出版したいと思い、つてを辿っていくつか出版社を回りました。そして、ある出版社を訪ねた時、「うちはあまり翻訳ものはやってないんだけど、テーマがおもしろそうだから、もしあなたが書くんだったら企画を上げてみてもいいですよ」という、思ってもみない話が突如として降ってきたのです。

結局、企画は通り、ビジネスという文脈でコーチングについての本を書くことになり、一九九九年の夏に『部下を伸ばすコーチング』が出版されました。初めて書いた本でしたが、タイミングがよかったのか、最終的には十万部以上とビジネス本にしてはよく売れ、様々なところから続々と講演や研修の依頼が入るようになりました。「うれしい悲鳴」とはまさにこのことで、これはとても一人では対応できないと感じ、ＣＴＩの創設者たちに相談した結果、その翌年にＣＴＩのコーアクティブ・コーチング・プログラムを日本で提供することになりました。以前から、いつかはＣＴＩのプログラムを日本でやりたいと薄々思ってはいましたが、本が出版され、予想外に大きな反響があったことがきっかけとなって、その想いが実現することになったのです。

予定になかった会社の設立

ただ、最初からコーチングを事業化することを考えていたわけではありませんでした。とにかく一回、ＣＴＩのプログラムを日本でやってみたかったというのが正直なところだったのです。その証拠に、ＣＴＩジャパンという会社を立ち上げたのは最初のコースを開催した二〇〇〇年五月から二ヶ月ほど経った七月になってからのことでした。

自分自身、ＣＴＩのコースを受けて人生が変わったと思っていたので、そのすばらしいプログラムをぜひ日本の人たちとも分かち合いたいという想いだけで、あまり先のことまでは考えていなかったのです。

ところが、コーチング・プログラムの最初のコースである基礎コースを二回ほどやってみたところ、参加した人たちから「次の応用コースはいつやるんですか？」という声が挙がり、「これは大変！」ということで、慌てて会社をつくったというのが実情なのです。そもそも自分が会社をつくるということ自体、思ってもみないことでした。

いざ会社をつくるとなったら、やれ人は雇わないといけないとか、やれ事務所を構えないといけないといったように、何かと面倒なこともたくさん発生してくるし、私としてはこれまでのように個人事業主として自由気ままにやっている方が性に合っていると思っていました。

さらに、会社をつくるとしたら、これまでやってきた天職創造セミナーをいったん棚上げして、コーチングの事業に専念する必要があると感じていました。なにぶん、会社をつくり、それを経営するというのは初めてのことなので、何かをやりながらその片手間にやることは無理だと感じていたからです。それは、会社をつくるということと合わせて、私にとってはとても大きな決断であり、挑戦でした。

あえてコーチングの方に舵を切る

でも、あえてその道を選んだのは、一言で言うと、「流れ」が来ていると感じたからでした。天職創造セミナーの参加者から挙がった「コーチングを教えてほしい」という声を発端に、「コーチングについて記事を書いてほしい」「コーチングについての講演や研修をしてほしい」という話が増えてきて、ついにはコーチングについての本まで書くことになり、思いがけずその本が売れるという一連の出来事が、すべて自分をコーチングの方に「仕向けている」ように感じたのです。

一方、それまで天職創造セミナーに参加してくれた人たちの中から希望者に対してコーチングを提供していたわけですが、一時にコーチングできる人はせいぜい二十人くらいであり、コーチングができる人がもっと世の中に増えない限り、自分のセミナーに参加してくれた人たちですら満足にサポートできないと思ったことも、コーチングの方に舵を切った一つの理由でした。

自分がそれまでやってきたことを手放し、会社をつくるという未知の領域に足を踏み入れることには恐ろしさもありましたが、上記のような「流れ」を信じ、それに逆らわず、あえてその流れに乗ってみることにしたわけです。

そして、その決断によって、私の人生はその後さらに思いがけない方向に展開していくのですが、それは結局、自分では気づかなかった自分自身の可能性に気づく大きなきっかけとなりました。そういう意味で、今振り返ってみると、流れが来た時には、それに乗ってみると、自分が予想したのとはまったく違う形で人生の扉が開かれていくということを改めて実感しています。

キーメッセージ3：

流れに乗ると、思いがけない形で人生の扉が開かれる

《キーメッセージ3についての解説》

「流れ」とは何か

「流れに乗る」と言っても、その「流れ」がいったい何であるかがわからなければ、いくら乗るつもりがあっても乗りようがありません。私が「流れ」と言う時、それはいくつかの予期せぬ出来事が立て続けに起こり、しかもそれらがすべてある特定の方向を指し示しているように感じられることを指しています。そういう意味で、「流れ」とは、前章で取り上げたシンクロニシティが比較的短い期間の中でいくつか連続して起こったものと言うことができるかもしれません。さらに、それらのシンクロを通じて指し示された方向が必ずしも自分が意図していたものではなく、かつ特に望んでいたものでもない場合に、私は「流れ」というものを強く感じます。

今回ご紹介したエピソードで言えば、自分としては天職創造セミナーを開催しながら、その参加者に対してコーチングを提供するということを個人ビジネスとして細々とやっていこうと思っているのに、その参加者の人たちから「コーチングについて教えてくれないか」とか、ある人事教育系の雑誌から「コーチングについての記事を書いてくれないか」とか、ある研修会社から「企業の人事教育担当者向けにコーチングについての研修をやってもらえないか」といった依頼が立て続けに来たというのが、その流れに当たります。そして、その流れのとどめが、自分にコーチングを教えてくれた師匠たちが書いた本の日本語訳を出版したいと思い、出版社巡りをしていたら、ある出版社から「あなた自身がコーチングの本を書いたらどうか」と言われ、実際に『部下を伸ばすコーチング』という本が出版されることになったこと、そしてさらにそれが予想外に売れて、いろいろなところから研修や講演の依頼が舞い込むようになったことでした。

ここまでコーチングに関する出来事が続けば、私でなくてもそこに流れのようなものを感じ、その流れが「コーチングの方に舵を切りなさい」というメッセージを送ってきていると感じるのではないでしょうか？　私自身、この流れにはかなり早い段階で気づいていましたが、実際にこの流れに乗ろうと意を決したのは出版した本の影響で入るようになった研修や講演の依頼に自分一人ではとても応え切れないと感じた時でした。言ってみれば、流れに逆らえなくなってついに観念した、というのが正直な感覚だったのです。

流れに身を委ねる

「観念する」と言うと、自分の意に反して何かを無理にさせられるといった、どこか「受け身」な印象を受けるかもしれません。ただ、私にとってこの言葉はむしろ積極的な意味を持った言葉なのです。この語感をより正確に表現しようとすれば、「身を委ねる」とか「身を任せる」といった言葉を使った方がしっくりくるかもしれません。つまり、「こっちだよ」と指し示している流れに対して、自分としてはまったく違う計画を思い描いていたにもかかわらず、その計画を手放してその流れに身を委ねる。そんな感じです。

流れに乗るためには、往々にして自分がすでに知っていること、やっていることを手放して、未知の領域に飛び込む覚悟が必要となります。英語には"leap of faith"（信じて飛ぶ）という言葉がありますが、まさにそんな感じです。日本語で言うと、「清水の舞台から飛び降りる」という表現がそれに近いかもしれません。

このエピソードでご紹介した私のケースで言うと、流れに乗るということはそれまでやってきた天職創造セミナーや個人向けのコーチングという個人ビジネスをいったん手放して、それまでやったことのない「事業を立ち上げる」という未知の領域に飛び込むということを意味していました。事業を立ち上げてうまくいくかどうかはまったくわからないわけで、もしかしたらそれまでやってきたことをやり続けた方が安全で確実なのかもしれませんが、それでは流れに逆らうことになってしまうわけです。

そういうふうに考えると、これまで通りのことをやり続けることの方が受け身で、流れに乗るというのは、むしろ積極的な行為であると言うことができるのではないでしょうか？

「無為の為」ということ

流れに乗るということがいかに積極的な行為であるかをうまく言い表してくれていると私が思うものに「無為の為」という言葉があります。「無為」というのは、中国の三大宗教の一つに数えられる道教の中心概念で、文字だけを見ると「何もしない」という意味になります。確かに、「無為無策」とか「無為に過ごす」といった表現に見られるように、「無為」という言葉は、現代ではネガティブなトーンで使われるのが一般的ですが、道教で言う本来の「無為」とはただ単に何もしないことではありません。道教では通常「無為自然」という表現で使われ、これは「宇宙のあり方に対して何も作為的なことをせず自然であること」を意味しています。つまり、「無為」とは「作為的なことは何もしない」という意味であり、別の言い方をすれば「宇宙の自然な流れに逆らわない」ことを意味するわけです。ということは、**「無為の為」というのは「宇宙の自然な流れに従って行動を起こすこと」**ととらえることもできるでしょう。

コーチングという流れが来ているのに、もし私が「いやいや、自分はこれまで通り天職創造セミナーを中心にやっていくんだ」と言ってその流れに乗らなかったとしたら、それは「作為」であって「無為の為」ではありません。この場合、たとえ当初の計画にはなかったとしても、またたとえそれがリスクを伴うことだとしても、あえてコーチングという自然にやってきた流れに乗ることが「無為の為」ということになるのです。そういう意味で、これは自分の小さな頭で考えた計画に従うのか、それとも宇宙の自然な流れに乗るのかという選択だということができるかもしれません。

計画に従う人生と流れに乗る人生

私は人の生き方には大きく分けて二つの生き方があると考えています。一つは、「計画に従う」という生き方、そしてもう一つは「流れに乗る」という生き方です。そして、世の多くの人たちは前者の生き方を無意識のうちに選んでいるように思えます。これは、そもそもそれとは異なる選択肢があること自体を認識していないということもありますが、より根本的には、未知なるものに対して恐れを抱いているところにその原因があるのではないかと私は感じています。

先ほども述べたように、流れに乗るためには、往々にして自分がすでに知っていることやこれまでやってきたことを手放し、未知の領域に飛び込むことが必要となります。「未知」であるということは「どうなるかわからない」ということであり、多くの人はこの「不確かさ」に耐えられないのでしょう。一方、計画というのは自分が予測できる範囲、すなわち「既知」の中で立てるものなので、それに従っている限り、なんとなく先が見えているような気がして安心できるのかもしれません。しかし、実際には物事が計画通りに進む保証はまったくなく、いわゆる「計画倒れ」になってしまうこともしばしばです。

人生においては、実は既知のことより未知のことの方が圧倒的に多くを占めています。にもかかわらず、困ったことに、私たちの中には自分の人生で起こることを何でもコントロールしたいという気持ちがあるので、コントロールが効きにくい未知のことより、コントロールが効きやすい既知のことについ意識が向いてしまいがちなわけです。これは至極当然なことだと思いますが、結局のところ人生は思った通りにならないことの方が多いので、それをコントロールしようとすると、どうしても未知なるものに対して恐れを抱くことになります。そして、常日頃恐れを抱いて生きていると、人生全体の満足度や幸福度も下がっていきます。そこで、**どうせ未知のことの方が多いのであれば、いっそのことその事実を受け入れ、むしろ未知なるものを楽しんだ方がいいのではないか**。その方が最終的に人生全体の満足度や幸福度が高くなるのではないか、そう私は考えるようになりました。

世界を敵と見なすか味方と見なすか

このように、未知なるものに対して心を開くか開かないかということは、流れに乗るということに限らず、内なる声やシンクロに従うにあたっても必ず突き当たるところだと思います。もちろん、未知に対して心を開くというのは言葉で言うのは簡単ですが、なかなかできることではありません。では、どうしたら未知なるものに対して心を開き、無為の為の精神で宇宙の流れに乗ることができるようになるのでしょうか？

私は未知なるものに心を開けるかどうかは、その人が世界をどのように見ているかということと大きく関係していると考えています。未知なるものに対して恐れを抱くということは、究極的に言えば、世界を敵と見なしているということでもあります。世界を敵だと見なすと、人生は戦いの場所となります。そこは弱肉強食の論理が支配する殺伐としたところで、ちょっとでも油断したら足元をすくわれてしまうような感じがして、ついつい心が閉じてしまいます。

一方、世界を味方と見なすと、まったく違った景色が見えてきます。あまり知られていませんが、アインシュタインは**「人生で一番重要な決断は、宇宙を友好的な場所と見るか、それとも敵**

対的な場所と見るかである」というような言葉を遺しています。私はこの言葉を知った時、まさにこれこそ自分が薄々感じていたけれども、なかなかうまく表現できなかったことだと感じ、思わず膝を打った覚えがあります。というのも、私は内なる声に従ってアメリカに留学したあたりから、世界というものをもっと信頼して生きていこうと思うようになり、それを実践してきたからです。つまり、恐れの目で世界を見て自分を閉じるのではなく、信頼の目で世界を見て自分をどんどん開いていこうと自分の生きるスタンスを意識的かつ根本的に切り替えたわけです。

ラディカル・トラストとは

ちなみに、私はこうしたスタンスのことを「ラディカル・トラスト（radical trust）」と呼んでいます。「ラディカル」というのは「根本的な」という意味と、「過激な」という二つの意味を持つ言葉で、「ラディカル・トラスト」というのは何の根拠や見返りを求めることなく、この世界が敵ではなく味方であると信じることを指してます。

不思議なことに、**このスタンスを意識的にとるようになり、自分を開けば開くほど、内なる声やシンクロなどのメッセージが入ってくるようになりました。**そういう経験を通して、実はこうしたメッセージはいろいろな形で常に自分に対して投げかけられていて、あとはそれに対して自分が心を開いているかどうかだけなのだということにますます確信を持つようになったわけです。

もちろん、いったん心を開いたらずっと開きっ放しということではありませんし、私だって閉じる時は当然あります。ただ、以前と比べて自分が変わったなと感じるのは、人生の中である特定の結果を求めることよりも、自分がどれだけ心を開き、信頼にもとづいて生きることができるかということがより重要になったという点です。開いていていいことばかりあるわけではないし、時には傷ついて閉じたくなるような出来事も人生の中では起こります。でも、そうした体験もどれだけラディカル・トラストを貫くことができるかを試されているような気がして、それ故にそういう時こそ心を開くということを選択してきました。その結果、宇宙の自然な流れが私をより「本当の自分を生きる」方向へと導き続けてくれていると感じていて、そのことを感じるたびに改めてアインシュタインの言葉の正しさと大切さを思わずにはいられません。

繰り返しになりますが、未知なるものに対して心を開けないのは世界、もっと言えば宇宙を信頼していないから。その基本的なスタンスを変えることができれば、未知なるものに対する恐れが逆に好奇心に変わり、流れにもずっと乗りやすくなるはずです。

流れが変わる時

さて、流れに乗ると言っても、いったん乗ったらおしまいということではありません。小さな舟などで川下りをする時に、常に流れを見極めながら舟の方向を変えないといけないのと同じように、人生の流れにおいても常に流れを見極めながら、場合によっては方向転換を図る必要があります。

流れが変わったにもかかわらず、それに気がつかずにいると流れからはずれてしまいかねません。このことに関して、私も痛い経験をしたことがあります。実は、コーチングの事業を立ち上げてしばらくは流れに乗っている感じがあったのですが、途中から事業自体は伸びているにもかかわらず、自分自身はどうも苦しくて仕方がないという状態に陥ったことがありました。当時の私は気がつかなかったのですが、それはきっと流れがどこに向かっているかということよりも、いかに周りの声や期待に応えながら事業を運営していくかということに意識がいってしまったからだと思います。そして、身体を壊して初めてそのことに気がつくことになるのです。

このあたりのことは次のエピソードで改めてご紹介する予定なので、ここではこれ以上の詳細についてはあえて触れません。ただ、この経験からわかったことは、**流れというのは変わること****があり、注意していれば何らかの形でそのサインは送られてきている**ということ。そして、そのサインにずっと気づかないでいると、ついには流れからはずれてしまうことがあるということです。私の場合は、「どうも苦しくて仕方がない」という感覚が「流れが変わった」というサインであり、それにずっと気づかずにいたため、ついには身体を壊し、それが「流れからはずれた」ことを私に教えてくれたわけです。

ちなみに、どう流れが変わったのかと言うと、それまでの「コーチングに力を入れなさい」という流れから、逆に「コーチングを手放しなさい」という流れに変わったのです。私としては、前者の流れがずっと続くものだと知らず知らずのうちに思い込んでいたので、その流れに沿ってコーチングの事業に精を出し、そのためにかなりの無理もしたわけです。しかし、後から気がついたのは、これはもはや作為であって無為の為ではないということです。無為の為で自然な流れに乗っている時と言うのは、それこそあまり頑張らなくても物事が自然に進んでいくような感じがしますが、その時は明らかに違いました。むしろ、「こういうふうにすべきだ」と頭が勝手に思い描いた計画に必死に従おうとしていました。まさに川の上流に向かって泳いでいるような感じだったのです。

たとえ一つの流れに乗ったとしても、常にその乗り心地を確認しつつ、「あれ、おかしいな」と思ったら、改めてその流れと自分との関係を見つめ直す必要がある、ということですね。

流れに乗ることと、ただ流されることの違い

では、流れが来たと感じたら、絶対に乗らなくてはいけないのでしょうか？　私は決してそうは思いません。どんな流れであれ、乗らなくてはいけないということはありませんし、乗るか乗らないかは自分で決めればいいと思っています。自分で乗ると決めて乗っている以上、そこには自分の意志があります。私はそのことがとても重要だと思うのです。そうでないと、「流れに乗っている」と言うよりは、「ただ流されている」だけになってしまいます。

先ほども触れたように、流れに乗ったからといって決してすべてがうまくいくかどうかはわかりません。この時、もし自分が選んでその流れに乗ったのでなければ、誰かを責めたり、その流れ自体を責めたりすることになりかねません。しかし、自分の意志にもとづいて自分で選んで乗ったのであれば、その結果についても誰かや流れのせいにすることなく、自分で引き受けることができるはずです。

もしも同時にいくつもの流れがあるように思えて、いったいどの流れに乗ったらいいかがわからない場合は、自分がもっとも大切にしていることに沿った流れに乗ることをお薦めします。というのも、どの流れに乗るかという選択に限らず、**その人が何を大切にして日々の選択を行うかということは、その人の人となりや生き方をもっとも雄弁に物語っている**と思うからです。つまり、そうした選択の一つひとつが自分は何者かを表現しているのであり、それがその人らしい人生というのを形づくっていくわけです。そうしていけば、個々の選択がもたらした結果の如何にかかわらず、いずれこの世を去る時、「あぁ、私は本当の自分を生きた」と言えるのではないでしょうか？　**悔いなき人生というのは、このように自ら選択する、特に自分が大切にしているものに沿って選択するということを積み重ねた先にある**と私は考えています。

波に乗るというたとえ

自ら流れに乗ることを選ぶということを考えた時、もしかしたら「流れ」と言うより「波」と言った方がイメージしやすい人がいるかもしれません。まさにサーファーが大海原の向こうから押し寄せてきた波に自らの意思で乗るように、人生の中で自分に向かって押し寄せてきた波に自らの意志で乗るわけです。

流れと言うと常に変わらない一つの流れしかないように感じてしまいがちですが、波というたとえのいいところは、いろいろな波が次々とやってくるというイメージが湧きやすいところです。実際、サーファーは次々とやってくる波のすべてに乗るわけではなく、その中からどの波に乗るかを自分で選びます。もしも自分の乗りたい波じゃなかったり、自分の準備ができてなかったりしたら、乗らないでやり過ごし、自分のタイミングで「これだ！」という波に乗るわけです。もちろん、選んで乗ってはみたけれど、うまく乗れなくて落ちてしまうということもあるでしょう。しかし、それはただボーッとしていて波が行ってしまったとか、波に巻かれてしまったというのとはだいぶ違います。結果としてうまく乗れたかどうかということよりも、自分で選択して乗ったということが大事なのです。

波というたとえを使うもう一つのメリットは、一つの波が過ぎていっても、またいずれやってくることを示してくれている点です。同じように、人生の波も一回しか来ないということはなく、何度もやってくると私は考えています。したがって、一度波に乗り損ねたからといって、「あぁ、あの波に乗っておけばよかった」などといつまでも悔やむ必要はありません。そんなことをしているくらいであれば、次にやってくる波に意識を向けた方がよほどいいと思います。つまり、過ぎたことよりも、これからのことを考えるのに自分の時間とエネルギーを使うわけです。

波がめったに来ないと思うと、乗り損ねまいとして、かえって緊張から動けなくなってしまうかもしれませんが、何度も来ると思えば、もっと気楽な気持ちで波に乗れるのではないでしょうか？　波に乗るにしても流れに乗るにしても、その気楽さが大事だと私は思います。「こんな流れが来たから、乗ってみようかな」くらいの感じです。ちょっと実験してみるような感じと言えばいいでしょうか。

人生とは実験である

私は、人生というのは、ある意味で実験の連続だと思っています。かつて自分とまったく同じ人生を生きた人など誰もいませんから、やってみないとうまくいくかどうかなんてわからないことが人生には多いわけです。流れに乗るということに関しても、実際に乗ってみなければどうなるかなんて誰にもわかりません。

しかし、やってみなければわからないのは「計画に従う人生」でもまったく同じことです。同じわからないのであれば、どちらの生き方の方がよりおもしろいかということになると思いますが、私自身はやはり「流れに乗る人生」の方がおもしろいのではないかと思っています。というのも、「計画に従う人生」だと、仮に計画通りに物事が進んだとしても、そこで得られるのは

「自分の思った通りになった」という満足感や達成感だけですが、「流れに乗る人生」だと、そもそも計画なんてないので、常に「次はどうなるんだろう?」という好奇心で満たされますし、自分の思いもよらないような展開に驚きや感動を覚えることができるからです。

「流れに乗る人生」はただ単に「計画に従う人生」よりもおもしろいというだけではありません。先ほど述べたように、それは恐れではなく、心を開いて「ラディカル・トラスト」という根本的な信頼にもとづいて生きるということであり、究極的には**「宇宙を味方にする生き方」**でもあるわけです。もちろん、そのような生き方の方が「計画に従う人生」よりもうまくいくという科学的な根拠は何もなく、一人ひとりが自分の人生を通じて実験していくしかありません。

このように、人はその一生をかけて生き方についての実験をしているというふうにとらえれば、その実験を通じて証明する価値のある仮説は何かということになります。私にとってその仮説とは、**内なる声やシンクロに従いつつ、それらが指し示す人生の流れに意図的に乗ることによって初めて、人は「自分はこのために生まれてきた」と思えるような人生を生きることができる**というものです。その仮説を証明するために、私はこれまで自分の人生を使って日々実験を積み重ねてきましたし、これからも積み重ねていこうと思っています。

さて、今あなたの人生にはどのような流れが来ているでしょうか？　そして、その流れにあえて乗ってみるとしたらあなたの人生にどんな可能性が開かれていくでしょうか？

第四章
人生で起こることには、すべて意味がある

【エピソード4】
ピースボートに乗り、会社の経営から身を引く

胆石の発作とコーチの問いかけ

会社を立ち上げてから二年ほど経った二〇〇二年の春、思いがけないことが起こりました。ある朝の明け方、急にお腹が差し込むように痛くなり、時間が経つにつれてその痛みがどんどん激しくなったので、救急車を呼んで病院に担ぎ込まれたのです。診察の結果、胆石による発作だということがわかり、精密検査のためその日はそのまま入院することになりました。救急車に乗るのも病院に入院するのも生まれて初めてだったので、突然のことにびっくりしましたが、痛み止めの点滴を打ってもらったおかげでとりあえず痛みはおさまりました。

その頃、会社の方は幸いにも順調に発展していましたが、それまでの二年間は個人ビジネスに毛が生えた程度の自転車操業的な状態がずっと続いていたので、もしかしたら無理がたたったの

かもしれません。当時、私にはカナダ人のコーチがいて、退院後の最初のセッションで事の顛末を報告し、精密検査の結果、すぐには手術をしなくていいことになったのでホッとしたという話をしました。すると、なぜか彼女は「口ではホッとしたと言いながら、なんとなくがっかりした感じが伝わってくるんだけど」と言いました。

最初は「えっ、そんなはずはない」と思いましたが、よくよく考えてみると、もしかしたら手術をするかもしれないという話になった時、「これでやっと休める」とどこかで思っていたことに気がつきました。そのことを正直に伝えると、彼女は急に怒り出して、「それはおかしいわよ。病気にならないと休めないなんて。同じ休むなら、健康のまま休めばいいじゃないの」と言うじゃありませんか。「ごもっとも」と思いながら聞いていると、続けて「もし仮に健康な状態で三ヶ月休めるとしたら、何がしたい?」という、いかにもコーチらしい問いを投げかけてきました。

その時、ふと視線を上げると、部屋の壁に「いつか行けたら行きたい」と思って以前切り抜きをして貼っておいたピースボート*の新聞広告が目に入りました。そして、なんとそこには「世界一周、三ヶ月の旅」と書かれていたのです。「これだ!」と思い、それを彼女に伝えると、畳みかけるように「じゃ、それを実現するために、まず何をする?」と聞いてきました。「このあと、さっそく事務局に電話して、最新の資料を取り寄せます」と約束し、コーチとのセッションが終わるとすぐさまピースボートの事務局に電話をかけました。すると、「ちょうど今週の土曜日に説明会があるんですが、いらっしゃいませんか?」とのこと。スケジュールを見たら、これまたちょうど空いていたので、参加することにしました。

*ピースボート……国際交流を目的として一九八三年に設立された同名の非政府組織が主催する世界各地をめぐる船舶旅行。

衝動的に決めたピースボート乗船

説明会にはその年の七月に結婚する予定になっていた妻を連れて行きました。そして、まだ説明を半分も聞かないうちに、私が突然申込書を書き始めたのを見て「何してんのよ！」と目を丸くしている彼女に、私は「今申し込まなければ、絶対に行かないと思うから」と答えました。その時は、よく考えてそうしたというより、何かに憑りつかれたように衝動的に申込書を書いたと言った方が近いような感じでした。

でも、実際そこで申し込まなかったら、行けない理由の方がたくさん出てきて、思いとどまっていたかもしれません。まだ小さな会社だったとはいえ、その代表者が、まだ事業が軌道に乗ったとは言い切れない時期に、三ヶ月もの間、仕事を休んで旅行に出かけるというのは前代未聞のことだと思います。しかし、「これだ！」という内なる声を信じて、その翌週、思い切って同僚にその考えを打ち明けることにしました。

当然、皆最初はびっくりしていましたが、大変ありがたいことに、最後には「私たちが何とかするから、身体の静養を兼ねたちょっと長いハネムーンのつもりで行ってきなさい」と言って快く送り出してくれたのです。

自分の無知に愕然とする

こうしてその年の八月から三ヶ月のピースボートの旅に出かけるわけですが、当初自分が想像していたのとはまったく異なる体験となりました。ピースボートとは、もともと世界中の社会経済的に恵まれない人たちや自然災害に遭った人たちを支援するために、日本で集めた生活物資を船で届けることを目的に発足した団体で、乗客はある意味、その支援活動に便乗しているといった感じでした。

したがって、途中立ち寄った様々な寄港地では、いわゆる観光をするオプションもありましたが、「交流ツアー」や「スタディ・ツアー」と言って、ピースボートが支援している現地の人たちと交流したり、彼らが直面している様々な問題について話を聞かせてもらったりというオプションも用意されていました。こういう時でないとなかなか経験できないことなので、幾度となくこうしたツアーに妻とともに参加したのですが、今まで概念上でしか知らなかった「環境破壊」や「貧富の格差」、あるいは「戦争の悲惨さ」といったものを肌で感じることができました。

また、船の上では、毎日のように「水先案内人」と呼ばれる専門家によって、世界の時事問題に関するレクチャーが行われており、他にすることもあまりないので、それをよく聞きに行っていました。そこで聞いたことや見たことのすべてが私の知らないことばかりで、あまりに自分が無知であることに愕然としたのをよく覚えています。

それまで、コーチングという小さな世界でそれなりにうまくいっていて、多少いい気になっていたのかもしれません。でも、これではまさに「井の中の蛙」ではないか、と強い危機感を抱きました。船で世界一周したと言うと、優雅な旅を想像されるかもしれませんが、私にとっては頭を後ろから思い切り引っぱたかれるような体験となったのです。

あまりに非常識で不都合な声

そんな鬱々とした想いに苛まれていたある日、船のデッキからはるか彼方まで続く大海原を眺めていると、ふと次のような内なる声が心の中で響くのが聞こえました。「It's time to move on」。なぜかその時聞こえたのはそのような英語の言葉だったのですが、これは直訳すると「今こそ次に進む時だ」という意味になります。これだけでは普通、何のことだかわからないと思いますが、その時自分にはそれが何を意味しているのかが直感的にわかりました。それは、「コーチングの仕事を手放しなさい」ということです。

それに対して、頭は「まさか、そんなことできるはずがない」と反論しました。それは、当時の自分にとって、あまりにも非常識で、かつ不都合な声だったからです。会社としてはようやく基盤が整ってきて、まだまだこれからという時期でしたし、そんな時に創設者自らが、しかも三ヶ月も休みをもらって、やっと帰ってきたと思ったら「辞める」というのは、さすがに自分でもあり得ないことでした。

もちろん、その声に耳をふさぐという選択肢もありましたが、アメリカに留学する時に「これからは内なる声に従って生きる」と決め、それにずっと従ってきたからこそコーチングとも出会えたことを考えると、今さら自分にとって不都合だという理由だけでその声を裏切ることはどうしてもできませんでした。

ただ、その翌年には、新たに資格コースやリーダーシップ・プログラムという新しいプログラムをCTIジャパンとして初めて開催するという計画があったこともあり、一年間の猶予を自分に与えることにしました。途中、本当に手放していいのか迷いが出ることも正直あったのですが、幸いにして「この人なら後を託せる」と思える人が見つかり、同僚の理解と協力も得られたことから、予定通り、一年後の二〇〇三年末にCTIジャパンの代表を退任し、その経営から身を引くことになりました。

人生に無駄なし

振り返ってみると、つくづく人生で起こることにはすべて意味があるのだと感じます。胆石の発作を起こした時は「何でこんな痛い思いをしなければならないんだ」と思いましたが、それがあったからこそピースボートに乗るという体験ができました。そして、ピースボートに乗ったからこそ、自分の無知に気づくことができ、コーチングという狭い世界から飛び出して、新たな挑戦に向けて一歩を踏み出すことができたわけです。

それが起きた時には、なぜ起きたのか、まったく意味がわからなくても、「きっとこれにも何らかの意味があるはずだ」と思うことで、何が起きても冷静に受け止められるようになった気がします。

これは、別の言い方をすれば、「人生に無駄なし」ということでもあります。なぜなら、人生で起こることすべてに意味があるのであれば、人生で起こることに無駄なことは何一つないということになるからです。

キーメッセージ4：

人生で起こることには、すべて意味がある

《キーメッセージ4についての解説》

意味づけは人間だけに与えられた特権である

人生で起こることすべてに意味があると言っても、個々の出来事にどのような意味を見出すかはその人次第です。ある出来事が起きたら、それはこういう意味であるというふうに万人に通用する解釈があるわけではありません。つまり、「意味を見出す」という作業はひとえに個人的な作業であり、一人ひとりが自ら向き合わなければならない作業なのです。

このように言うと、「自分の人生で起きるすべての出来事に意味を見出さなければならないのか」と思われるかもしれません。もちろん、そんなことをしようとしたら大変ですし、そんなことをする必要もないでしょう。「意味を見出す」というのは決して義務ではありません。それは、むしろ「権利」というか、おそらく私たち人間だけに与えられた「特権」だと私は考えています。

第二次世界大戦の時にナチスの強制収容所に入れられ、奇跡的に生き残った経験を持つ精神科医のヴィクトール・フランクルは**「人間は意味を求める動物である」**というようなことを言っています。これは、別の見方をすれば、地球上に生きる動物の中で唯一人間だけが物事に意味を見出す力を持っている、ということだと思います。もちろん、他の動物にも「これは危険な状況だ」といったような、非常に基本的な意味づけ能力はあるかもしれませんが、それはむしろ生存本能に属するものであって、人間ほど高度に発達した意味づけ能力を持った動物は他にいないはずです。

しかし、実際にそれが自分の特権であるという認識を持っている人はそれほど多くありません。したがって、自らが持つこの「意味づけ能力」を十分に活かし切れていない場合がほとんどです。この特権に無自覚でいると、単に得るものが少なくなるだけでなく、失うものが大きくなる可能性があります。というのも、**意味づけ能力は「両刃の剣」であり、それは自分に益をもたらす場合もあれば、逆に害をもたらすこともある**からです。

役に立つ意味づけと役に立たない意味づけ

意味づけには大きく分けて二つの種類があります。すなわち、自分の役に立つ意味づけと役に立たない意味づけです。「自分の役に立つ意味づけ」というのは、別の言い方をすれば、「自分に力を与えてくれるような意味づけ」であり、「役に立たない意味づけ」は逆に「自分から力を奪ってしまうような意味づけ」です。私たちは、意識していようがいまいが、自分の人生で起きる出来事に対し、常に何らかの意味づけをしています。ところが、その時に自分に力を与えてくれるような意味づけをしているかというと、必ずしもそうではありません。

それはなぜか？　最近の脳科学によれば、人間にはもともと物事を悪い方に解釈する癖があるそうです。人間の脳は三つの層からできていて、その中の「動物脳」と呼ばれる部分が何らかの危険を察知すると、本能的かつ無意識的に作動して、その危険を回避するための判断をとっさにできるようなしくみになっているそうです。これは、太古の昔、人類がまだ狩猟採集生活を送っていた頃、生きていくためには常に猛獣などの外敵から身を守る必要があった時には確かに役に立ったでしょうし、現代でも戦争や犯罪などに巻き込まれるなどの極端な状況に遭遇した時には役に立つでしょう。しかし、実際にはそこまで差し迫った危険に直面することなどほとんどないにもかかわらず、昔の名残でこの動物脳が作動して必要以上に日々の出来事を悪い方に解釈し、あたかも自分の身に危険が迫っているかのような錯覚を私たちに与える傾向があるようなのです。

この癖はすでに起きたことの意味づけをする時だけでなく、これから何かをやろうとする時にもよく顔を出します。つまり、必要以上にリスクを大きく見積もってしまい、結局動けなくなってしまうという傾向です。「そうは言っても、ある程度はリスクを想定した方がいいのではないか」と思われる人もいるでしょう。しかし、多くの場合、リスクを想定すればするほど、不安が大きくなり、当初のやる気が失われてしまう可能性が高くなります。これでは、その人が本来持っている力は発揮されず、結局その人にとっても周りの人にとっても役に立ちません。

ヒューストン大学教授のブレネー・ブラウンによれば、多くの人が「うまくいかなかったらどうしよう」という不安から、自分が本当にやりたいことをあきらめる傾向があるそうです。それどころか、うまくいかなかった時のショックを緩和するために、日頃から頭の中で「悲劇のリハーサル」を行っている人も多いとのこと。そうすれば、実際にうまくいかなかった時に「やっぱり、自分の思った通りだった」と思えるからと言うのです。つまり、自分が傷つくことを恐れるあまり、意味づけの力を自分の可能性を拡げるためではなく、それを狭めるために使ってしまっているわけです。

意味づけのインパクト

ここで誤解のないようにお伝えしておきたいことが一つあります。それは、物事を悪い方に解釈すること自体が必ずしも問題なのではない、ということです。というのも、一見「ネガティブ」だと思われるような意味づけをすることによって、かえって力が湧いてくる場合もあるからです。たとえば、自分が今置かれている状況を必要以上に厳しく見積もることによって、逆に「なにくそ！」という反骨心に火がついてより一層頑張る気になったり、そこで思い切り悩むことによって他者に共感する力が身についたりといった場合がそれに当たるでしょう。

それが故に、私自身はあえて「ポジティブな意味づけ」とか「ネガティブな意味づけ」といった表現は使わないようにしています。**私が重視しているのは、その意味づけがその人に力を与えるのか、それとも奪うのかというただ一点だけ**です。起こる出来事にはもともとポジティブもネガティブもありません。ある意味、出来事自体には何の意味もないと言えるでしょう。それに意味を見出そうとするのは私たち人間です。だとしたら、大事なのは、その意味づけがその人本人にどういうインパクトを与えるか、ということではないでしょうか？

意味づけの力に無自覚であることは、ただ単に自分に力を与えるような意味づけができないというだけでなく、極端な場合、人の生死に関わるほどのインパクトをその人にもたらすことがあります。前述のヴィクトール・フランクルによれば、彼と同じようにナチスの強制収容所に入れられながら奇跡的に生き残った人たちには、皆、自分が生き残ることに対して強烈な意味を見出していたという共通点があったそうです。たとえば、「このような非道が二度と繰り返されないよう、自分が生き残って歴史の証人にならなければ」とか「自分がやりかけた仕事を完成させなければ死ぬに死ねない」といったように。一方、自分が置かれた状況に絶望した人たちの多くはガス室に送られる前に命尽きていったと言うのです。つまり、自分に力を与えるような意味づけができた人はそうでない人たちに比べ、生き残る確率が格段に高かったわけです。意味づけがその人本人にどういうインパクトを与えるかが大事だと私が考える理由の一つは、まさにこの点にあります。

一時に比べると少し減ったとはいえ、現在、日本では自ら命を絶つ人がまだ年間約二万人以上もいるわけですが、それも自分の人生で起きていることにどういう意味づけをしているかが大きく関わっていると思います。もちろん、その人たちがこうした極端な選択をするに至った背景にはよほど大変な事情があったのでしょうが、それにしてもその選択をする前にきっと自分の力を奪うような、しかもこの場合には自分の生きる力すら奪ってしまうような意味づけがなされたはずです。誰かが自殺したというニュースを聞くたびに、何か他に意味づけの仕方はなかったのだろうかと思わずにはいられません。

意味づけの仕方は無数にある

ここまでの話でおそらく意味づけの重要性についてはある程度理解していただけたことと思います。そこで、次にどうしたら自分に力を与えるような意味づけができるようになるかについてお伝えしたいと思います。

自分に力を与えるような意味づけができるようになるためには、**まず自分には意味づけをする力があり、実際にいつも意味づけをしているということを自覚する**必要があります。その上で、日々の出来事に自分がどんな意味づけをしているかに注意します。特に、自分が予期していなかったような出来事や一見ネガティブに思えるような出来事に遭遇した時、それにどんな意味づけをしているかに気づくことが大事です。もし、自分から力を奪うような意味づけをしていることに気づいたら、どんな意味づけをしたら逆に自分に力を与えてくれるかを考え、それを選択するのです。

言葉にすると簡単に聞こえるかもしれませんが、普段は無意識で行っている意味づけのプロセスを意識化できるようになるにはそれなりの努力が求められます。というのも、自分の意識下で起きている事象を認識することを心理学用語で「メタ認知」と言いますが、それをするには日頃からあたかも自分で自分の脳みその中を覗くかのように客観的に自分の思考を把握する癖を身につける必要があるからです。

もちろん、最初のうちは慣れていないのでなかなか難しいかもしれませんし、どうやっても自分に力を与えるような意味づけが思いつかない場合もあるかもしれません。そういう時に、「何が何でも意味を見出さなくては」と焦ると、一種の強迫症のようになってしまって逆に自分の力が奪われてしまいます。したがって、すぐに意味がわからなくても「きっとこの出来事には意味があるに違いない。そして、それはそのうちわかるだろう」といったように悠長に構えていればいいと思います。そうすれば、しばらくして振り返った時に「ああ、あの出来事にはこういう意味があったのか」と気づく時が来るはずです。

ここでお伝えしておきたいのは、同じ出来事であってもその意味づけの仕方は無数にあるということです。そして、自分に力を与えてくれるような意味づけも一通りではなく、何通りもあるので、数学の問題のように正解が一つしかないと思い込まないように注意してほしいと思います。「もしかしたらこういう意味があるかもしれないし、ああいう意味もあるかもしれない」といったように柔軟性を持たせた解釈ができれば、その後のストーリーの展開にもきっと拡がりが出てくるでしょう。

自分に力を与えるストーリーを紡ぐ

では、人生で起こる出来事の解釈に柔軟性を持たせることができると、その後のストーリーの展開に拡がりが出てくるというのはいったいどういうことでしょうか？

一つひとつの出来事に意味を見出すということも役に立ちますが、さらに役に立つのは異なる複数の出来事の間に意味のある関係性を見出すことだと私は考えています。これはエピソード2で取り上げた「シンクロニシティ」やエピソード3で取り上げた「流れ」にどうやって気づくかということとも関係しています。そうやってたくさんの一見無関係な出来事の間に意味のある関係性が見出せた時、そこには一つのストーリーが浮かび上がってきます。したがって、もし個々の出来事の解釈にある程度柔軟性を持たせることができれば、それだけ他の出来事との間に接点を見出せる可能性が増えるので、それをつなぎ合わせたストーリーも結果的にいろいろな展開が考えられるというわけです。

これはある意味、星座を探す作業に似ています。夜空に浮かぶ無数の星のいくつかを結びつけて星座という意味のあるつながりをつくったのは人間であって、そういう星座がもともとあったわけではありません。もっと言えば、今一般的に知られている星座である必要はまったくなく、自分で他のつながりを見出し、勝手に星座をつくってもいいわけです。同様に、**自分の人生に起こる一見無関係な出来事の間に意味のあるつながりを見出し、自分なりのストーリー、しかも自**

分に力を与えてくれるようなストーリーを編集することは誰がやってもいいことですし、誰にでもできることなのです。それにもかかわらず、多くの人は自分の人生に起こる出来事の間に意味を見出そうとはせず、見出そうとしている人たちもどこかに正しい星座があるはずだと思い込んでいるように見受けられます。

私の場合で言えば、胆石の発作を起こしたことがきっかけで、ピースボートに乗ることになり、さらにそれがきっかけでコーチングの仕事からしばらく離れることになったわけですが、それら一連の出来事を線でつないでみた時に紡げるストーリーにはいろいろなものが考えられます。たとえば、「病気や長期旅行をしたせいで仕事に対するやる気がなくなった」というストーリーを紡ぐこともできるし、あるいは「病気や長期旅行をしたおかげで新しい可能性に目が開かれた」というストーリーを紡ぐこともできます。この場合、どちらが力の出るストーリーかは一目瞭然だと思いますが、それはひとえに紡ぎ手の編集力にかかっているのです。

意味づけをする究極の目的とは

さて、このように自分の人生に起こる出来事、そしてそれらの関係性に意味を見出すことの究極の目的は何でしょうか？　意味づけ自体が目的になってしまっては、単なるゲームというか、暇つぶしになってしまう恐れがあります。

私は**意味づけをすることの究極の目的は「精神的に自由になる」こと**だと思っています。自分の人生に起こる出来事を自分に力を与えるような形で意味づけをしないとすれば、それはその人がそれらの出来事の「犠牲者」になってしまうということでもあります。なぜなら、どんな出来事であろうと、その気になれば、自分に力を与えるような意味づけをすることができるにもかかわらず、それをしないということは出来事が自分の人生を形づくる主体であって、自分はあくまでそれらに翻弄される客体に過ぎないということになってしまうからです。

本当の自分を生きるためには、人生の主導権を起こる出来事から自分の手に取り戻す必要があります。出来事の犠牲者であり続ける限り、それは自由な人生とは呼べません。人類の歴史を振り返ってみると、それは異なるレベルの自由を段階的に獲得していった歴史でもあると私は考えています。すなわち、奴隷制の時代には肉体的な自由を、身分制度の時代には社会的な自由を、専制政治の時代には政治的な自由を、産業革命以前の時代には経済的な自由を求め、それらを獲得してきました。もちろん、現代においてもこうした自由の恩恵に浴していない人はまだたくさん存在しますが、大ざっぱに見るとこのような進化を遂げてきたと見ることができるのではないでしょうか？　そして、ある意味、最後に残った砦が精神的な自由なのではないか、と私は考えているわけです。

この精神的な自由は、たとえそれ以外の自由がすべて制限されていたとしても、その状況を超克するのを可能にするものだと思います。この章で何度も引き合いに出しているヴィクトール・フランクルはそのいい例でしょう。ナチスの強制収容所に入れられていた彼はすべての自由を奪われた状態にありましたが、精神的な自由だけは誰にも渡しませんでした。つまり、彼が自分の置かれた状況を自分に力を与えてくれるような形で意味づけする力は、たとえナチスといえども奪うことはできなかったわけです。逆に、肉体的にも社会的にも政治的にも経済的にも自由であるにもかかわらず、精神的に自由ではない人もたくさんいます。他の誰もが羨むような人生を生きている人が、ある日突然自らの命を絶ったというのはよく聞く話です。そういう話を聞くたびに「幸せって何だろう?」とつい考えてしまいますが、それは精神的に自由であるかどうかということと大きな関わりがあるのではないかと私は推察しています。

シンボリック・リアリティとサイエンティフィック・リアリティ

ここで皆さんに考えていただきたいことがあります。それは、もし誰にでも意味づけをする力があるのだとしたら、それはあらゆる自由の中で本来もっとも手に入りやすいものであるはずですが、実際には必ずしもそうなってはいないのはどうしてなのか、ということです。

これはまだ十分に開拓されていない分野だと思いますが、その一つの理由は私たちが生きているこの時代がまだ科学至上主義に支配されているため、現実のとらえ方が無数にあるという考えがまだまだ受け入れられにくいというところにあるような気がします。

科学、特に近代以降の伝統的な科学では常に唯一の解を求めようとします。したがって、現実のとらえ方も一様で、そこに曖昧さが入ることを許しません。それは「サイエンティフィック・リアリティ（科学的現実）」とでも呼べるものです。一方、それに対して「シンボリック・リアリティ（象徴的現実）」とでも呼べるものがあると私は考えています。つまり、文字通りの現実ではなく、それに意味づけをしたものです。実際には、私たちは常に目の前の現実に自分なりの意味づけをしているので、シンボリック・リアリティを生きているわけですが、あたかも皆が同じサイエンティフィック・リアリティを生きているかのように錯覚しているところに問題の根っこがあるような気がしてなりません。

ここで大事なことは、サイエンティフィック・リアリティは一つしかありませんが、シンボリック・リアリティは無数にあるということです。そして、**私たちはその無数にあるシンボリッ**

ク・リアリティの中からいつでも自分の好きなものを選ぶことができるのです。このようなありがたい特権があることを自覚し、それをフルに活用して初めて、人は精神的に自由になれるのです。

「おめでたい人」になれ

よく起こった出来事を自分のいいように解釈する人のことを「おめでたい人」と言いますが、あまりいい意味では使われておらず、何かその人のことを馬鹿にするような否定的なトーンさえ含まれていいます。しかし、私はもっとおめでたい人が世の中に増えるべきではないかと思っています。もしそのように解釈することで自分の中から力が湧いてくるのであれば、おめでたいのは大いに結構なことではないか。そう思うわけです。繰り返しになりますが、人生に起こる出来事を自分に力が与えられるような形で意味づけするのは一つの大事な能力です。私たちはそういう「おめでたい筋」をもっと鍛える必要があると思います。

たとえば、日本では「下駄の鼻緒が切れる」のは通常、縁起が悪いことだと解釈します。もちろん、最近では日常的に下駄を履く人はあまりいないと思いますが、何かが切れるとそれは悪いことが起こる前兆だととらえる人は相変わらず多いと思います。しかし、それははたして誰が決めたことなのでしょうか？　このことには、それこそ何の科学的根拠もありません。ということは、それを逆に吉兆ととらえても全然構わないはずです。鼻緒が切れても喜べるようなおめでたい人は逆境にも負けない強さを持っているとも言えるわけで、すぐに物事を悪い方にとらえる人に比べればずっと幸せな人生を生きることができるのではないかと思うのですが、いかがでしょうか？

もし「おめでたい人」になることに対して抵抗を感じるとしたら、それは物事をいい方に解釈して失敗したらどうしようという気持ちがあるからかもしれません。「失敗」というのも一つの意味づけです。それをどうとらえるかで力を与えられもしますし、奪われもします。発明王のトーマス・エジソンが電気を発明するまでに何度も何度も失敗を繰り返したにもかかわらず、どうしてあきらめなかったのかと問われて、「自分は失敗したわけではなく、千通りのうまくいかない方法を発見しただけだ」と言ったという有名な話がありますが、これこそが彼にとって自分に力を与えてくれる意味づけだったわけです。彼が遺した偉大な業績を考えたら、誰も彼のことを「おめでたい人だ」と言って馬鹿にすることはできないでしょう。

一番大切な意味づけ

ここまで意味づけの仕方は無数にあるということを繰り返しお伝えしてきましたが、その中でもその他すべての意味づけの基盤となるようなものが二つあると私は考えています。それは、「自分が存在していることには意味がある」ということと、「人生で起こるすべての出来事には意味がある」ということの二つです。この二つの意味づけが前提にあって、初めてその他すべての意味づけが文字通り意味を持ってくるわけです。同時に、この二つの意味づけは私たちに力を与えてくれる源泉でもあります。

これは逆に言えば、自分が存在していること、そして自分の人生に起こることに「意味がない」と考えることが、もっとも私たちから力を奪う意味づけだということでもあります。フランクルが言った「人間は意味を求める動物だ」という言葉を裏返せば、「人間は意味を見出せなければ生きられない動物だ」ということになります。もしも自分が存在していること、そして自分の人生に起こる出来事がすべて無意味だとしたら、それこそ生きる意味そのものが感じられなくなってしまうでしょう。

そうではなく、**自分が存在していることも、自分の人生で起こる出来事もすべて意味があるととらえれば、それは根本から自分を肯定することになり、また同時に世界を肯定することにもなります。**その時、きっと人は恐れではなく、感謝と信頼の気持ちから人生を生きられるようになるでしょう。もしかしたら、これこそが意味づけが私たちにもたらしてくれる最大のインパクトだと言えるかもしれません。

さて、あなたは日々自らの人生で起こる出来事にどのような意味づけをしているでしょうか？

そして、それはあなたに力を与えてくれているでしょうか？

第五章

正しい答えを求めるより、正しい問いを持つことが人生を豊かにする

【エピソード5】
エコビレッジに惹かれて、スコットランドに移住

エコビレッジ・トレーニングに参加

ＣＴＩジャパンの経営から退いた後、何をやるかは特に決まっていたわけではありませんでしたが、一つだけやってみたいと思っていたことがありました。それは、スコットランドにあるフィンドホーン*という場所で毎年一回行われる一ヶ月の「エコビレッジ・トレーニング」というプログラムに参加することでした。エコビレッジとは、その名前が示す通り、エコな暮らしを営むコミュニティのことですが、エコビレッジ・トレーニングでは、どうやってそのようなコミュニティをつくるかをいろいろな側面から学べることになっていました。

なぜそのトレーニングに参加したいと思ったかというと、そこで取り上げられることがコーチングの仕事をしている時に漠然と感じていた一つの疑問に対するヒントを提供してくれるのでは

ないかと直感的に感じたからです。その疑問というのは、次のようなものです。

すなわち、「コーチングというのは、相手の可能性を引き出すのに役立つ非常に優れたコミュニケーションの手法だが、結局のところ、世の中のしくみがそこに生きる人たちの可能性を引き出すようなものにならなければ、どこかで限界にぶち当たるのではないか」というものです。

言い換えれば、「人の可能性が最大限に発揮される社会とはどのようなものか?」という問いが自分の中にずっと横たわっていたわけです。

*フィンドホーン……一九六二年にアイリーンとピーターのキャディ夫妻および友人のドロシー・マクリーンによって創設されたスコットランドの北方にあるコミュニティ。もともとはスピリチュアルなコミュニティの色彩が強かったが、最近は世界を代表するエコビレッジとしてもその名を知られるようになった。

フィンドホーンで感じたこと

実際に、フィンドホーンを訪れ、エコビレッジ・トレーニングに参加してみると、少しずつ自分が直感で感じていたことの正体が見えてきました。フィンドホーンでは、自分たちが食べるものは自分たちでつくり、自分たちが必要とするエネルギーも自分たちでまかなうなど、基本的には外の社会に依存しない自立した暮らしを営んでおり、その運営の仕方もかなり民主的なものでした。

私は、以前から、「見えない依存が無力感を生み、その無力感こそが人の本領発揮を妨げる最大の要因」だと考えていて、だからこそコーチングを通して「自ら考え、自ら動く」ことの重要性を説いてきたわけです。しかし、フィンドホーンの人たちの暮らしを見ていて、同じように食やエネルギーなど、人が生きていく上で欠かせないものを知らないうちに他人任せにしてしまっていることがどこかで無力感を生み、人々から生きる力を奪っているのではないか、と考えるようになったのです。

では、どうすればそのような状態から脱することができるかという問いが次に出てくるわけですが、一ヶ月くらいいただけではさすがにそこまではわからず、この問いに対する答えを見出すのはしばらく先に持ち越されることになりました。

「一〇〇〇万分の二十四」の奇跡

それはさておき、エコビレッジ・トレーニングに参加してから半年ほど経った二〇〇四年の秋頃、米国のＣＴＩからあるメールが届きました。そこには、「今度トルコでＣＴＩのプログラムを新たに提供することになったのだが、その最初のコースをリードしてみないか」と書かれていました。

ＣＴＩジャパンの経営から退く際に、ＣＴＩのコースはもうリードしないと先方には伝えていたので、なぜそんなメールが今さら送られてきたのかよくわからず、腹立たしい気持ちさえ感じました。

でも、落ち着いてその可能性に想いを馳せてみると、意外にも心の針が振れるのを感じ、何でやるのか自分でもよくわからないまま、引き受けることにしました。そうしたら、そこで信じられないようなシンクロが起こったのです。

実は、フィンドホーンのエコビレッジ・トレーニングで一緒だったトルコ人の女性と親しくなり、せっかくトルコに行くのであれば彼女にぜひ会いたいと思って連絡をとってみました。ところが、残念なことにその彼女はその時トルコを留守にしているということで、代わりに別の友人を一人紹介すると言われました。これも何かの縁だと思い、その紹介された人と現地で落ち合うべくメールのやりとりをしていたら、なんとその人は私がリードする予定だったＣＴＩのコースに申し込んでいるということが発覚したのです！

一人しかいないトルコ人の友人にたまたま紹介された人が、一〇〇〇万以上の人口を誇るイスタンブールの中で、定員がたった二十四人というそのコースに参加する確率というのはいったいどれくらいあるというのでしょうか？　その信じられないようなシンクロが起きたことで、トルコに行くという選択をしたことが正しい選択であり、それにはきっと何らかの意味があるはずだという確信を持ちました。

ヨーロッパに呼ばれている？

そのトルコでの仕事を終え、日本に帰国して数日しか経っていないある日、またしても米国のＣＴＩから一通のメールが届きました。そこには、「今度スペインでも新しくＣＴＩのコースを提供するのだが、その最初のコースをリードする予定だった人が急にリードできなくなったので、代わりにリードしてくれないか」と書かれていました。

トルコで起きたシンクロのこともあって、何かの流れを感じていた私はその依頼も引き受けることにしました。そして、スペインでリードしている最中のある晩、次の日に備えてベッドで横になっている時、突如としていろいろな想いが湧いてきて眠れなくなってしまいました。

トルコとスペインで立て続けにＣＴＩのコースをリードしながら、私の中にはヨーロッパに対する何とも言えない郷愁のようなものが芽生えていました。私は子どもの頃、父親の仕事の関係で四年ほどイギリスに住んでいたことがあり、その時の感覚がこの二回のヨーロッパ訪問を通して懐かしさとともに鮮やかに蘇ってきたのです。

極端に言えば、「自分はヨーロッパに呼ばれているのではないか」という感じさえしました。その時にふと、フィンドホーンに移住するという考えが頭に浮かんだのです。そうすれば、エコビレッジ・トレーニングでつかみかけた、自分の問いに対する答えを見つけることができるかもしれない……。

そう思うと、もう居ても立ってもいられない気持ちになり、帰国早々、妻にその考えを話しました。

妻も以前からフィンドホーンに興味を持っていたので反対はしませんでしたが、その時はまだ娘が生まれたばかりだったので、「この子が一歳になるまで待って」と言われました。そして、二〇〇五年九月、ちょうど娘が一歳になる誕生日の日にフィンドホーンに移住することになったのです。

こうして、自分の内側および外側からのメッセージに導かれていった果てについにフィンドホーンに移住することになるわけですが、元を辿ると、それは一つの問いから始まりました。すなわち、「人の可能性が最大限に発揮されるような社会とはどのようなものか?」という問いです。この問いをずっと持ち続けていたことが、結果的に私の人生を大きく動かすことになったのです。

キーメッセージ5：

正しい答えを求めるより、正しい問いを持つことが人生を豊かにする

《キーメッセージ5についての解説》

「正しい問い」とは何か

ここで「正しい問い」という表現を私があえて使ったのは、誰から見ても疑いようのない唯一絶対の問いがあるという意味ではなく、現代社会において「正しい答え」を求める風潮があまりに強いことに対する一つのアンチテーゼとして提示したかったからです。

今の世の中を生きていると、どこかに正しい答えがあるはずだという考えがいかに根強いかを感じることが多々あります。学校教育においても、仕事においても、いかに正しい答えを早く見つけるかということが評価されるしくみになっているので、どうしても問いより答えが重視されてしまうのは仕方がないことなのかもしれません。

しかし、**「本当の自分を生きる」ということを考えた時には、正しい答えを見つけようとするよりも、自分にとって意味のある問いを持つことの方が大事**だと私は思っていて、そのような問いのことを「正しい問い」と呼んでいるのです。当然のことながら、自分にとって意味のある問いというのは、人によって異なります。ある人にとってはものすごく意味のある問いでも、また別の人にとってはまったくピンと来ないということは往々にしてあります。

人は生きていく中でいろいろな問いを持ちますが、その中でも「正しい問い」というのは、すぐに消えてしまうような問いではなく、ずっと気にかかっているような問いです。たとえば、私の場合は今回のエピソードでご紹介した「人の可能性が最大限に発揮されるような社会とはどのようなものか？」という問いがそれでしたし、アメリカに留学する頃に持っていた「人が生き生きと仕事をするにはどうしたらいいのか？」という問いもそれでした。

もちろん、いつもこうした問いを意識していたわけではありませんが、ふとした拍子に自分の中から繰り返し湧いてくる、そんな問いです。そして、振り返ってみると、こうした問いが常に自分の人生を動かしてきたような気がします。「正しい問い」には、そういうパワーがあるのです。

問いのパワー

私が問いの持つパワーを初めて認識したのは、アメリカに留学している頃にコーチングを学んだ時でした。コーチングは問いによって成り立っていると言えるくらい、問いを重視していて、特に習い始めの頃はとにかく徹底的に問いを相手に投げかけることを叩き込まれます。そして、その時投げかけるのは、「あなたが本当にやりたいことは何ですか？」といった、相手がすぐには答えられないような問いであり、どこにも正解がないような問いです。そうすることで、相手が外に答えを求めるのではなく、自分の中から自分なりの答えを見つけられるようにサポートするのです。

コーチングの基本的な考え方に、**「その人が必要とする答えはすべてその人の中にある」**というのがあります。私たちは小さい頃から学校教育などを通して、「問いには必ず唯一の正解があり、それは自分の外にある」ということを刷り込まれてきているので、自分はどうしたいのか、どう生きたいのかといった、本来自分の中にしかないはずの答えについてさえ、正解を外に求める傾向があります。

ところが、コーチングの中で問いを投げかけられることで、自分の中にはないと思っていた答えが見つかると、その答えが見つかった喜びだけでなく、それを自分で見つけたという喜びが湧いてきて、すごく力づけられるという体験をします。これが問いの持つパワーです。

どんな問いを問うべきか

ただ、問いと言ってもいろいろな問いがあり、中には自分を力づけるどころか、自分から力を奪ってしまう問いもあります。たとえば、何か自分にとって望ましくない状況が起こった時に、「なんで自分がこんな目に遭わなければならないんだろう?」という問いを立ててしまうことがよくありますが、この問いをいくら問うても自分が惨めになるだけで、いいことは何一つありません。

一方、同じ状況で次のような問いを立ててみたらどうでしょう? すなわち、「この状況で、自分にできることは何だろう?」といった問いです。すぐに答えが浮かばなかったとしても、先ほどの問いに比べて、より自分を力づけるようなインパクトがあるのではないでしょうか? このように、同じ問いを立てるなら、自分に力を与えてくれるような問いを立てた方がいいと私は思います。

では、どうしたら自分を力づけるような問いを立てられるようになるのでしょうか？　私たちは日頃、知らないうちにいろいろな問いを自分の中に立てています。その中には、自分を力づけるものもあれば、そうでないものもあるでしょう。自分を力づけるような問いを立てられるようになるには、まずは日頃自分がどんな問いを立てているかに気づく必要があります。つまり、「自分は今、どんな問いを立てているか？」という問いを立てるのです。

そして、もしその問いが自分を力づけるような問いでないのであれば、「どんな問いを立てればより自分が力づけられるだろうか？」という問いを立てればいいのです。いずれにしても、**ポイントは自分が無意識のうちに立てている問いに気づくこと、そして自分を力づけるような問いを意識的に立てること**だと思います。すでにお気づきかもしれませんが、これは前章で述べた「意味づけ」と基本的には同様のプロセスです。このようなプロセスを経て、立てる問いが変わると、そこから引き出される答えも自ずと変わってくるはずです。

問いとともにいる

もちろん、自分を力づけるような問いを立てても、その答えがすぐに見つかるとは限りません。その問いが大きければ大きいほど、答えが見つかるまでに時間がかかるでしょう。しかし、現代社会を生きる私たちは、正しい答えを外に求めるだけでなく、それを早く見つけなければならないというプレッシャーにさらされているので、なかなか「問いとともにいる」ということができません。

いい問いというのは、噛めば噛むほど味が出るスルメのようなものであり、ちょっと噛んだらすぐに味がなくなってしまうチューインガムのような問いは決していい問いとは言えません。あるいは、ワインのように、ある程度時間をかけて熟成させた方が味わいのある答えが出てくるのがいい問いだと言うこともできるかもしれません。ところが、「早く答えを見つけなければ」というプレッシャーを感じていると、なかなかこうした問いを問うこと自体をしなくなるし、仮に問うたとしても、その答えを安易に外に求めてしまったり、味わいが出る前の表面的な答えで満足してしまいがちです。そのようなことを続けていると、人生自体がだんだんと味気のないものになっていってしまうでしょう。

そうならないためには、まず答えよりも問いに重きを置くことが必要となります。現代のように、答えを極端に重視する世の中においては、問いの価値が失われ、問いを持つこと自体がいけないことだと考える風潮さえ見受けられます。そうではなく、**問いを持つこと、そしてその問いを持ち続けることにこそ価値がある**のだという考え方に転換していかなければならないのではないか。私はそのように思うのです。

問いはどこから来たのか

先ほど、「正しい問い」はふとした拍子に自分の中から繰り返し湧いてきて、それは人生を動かす力を持っていると書きましたが、そういう問いはいったいどこからやって来るのでしょうか？　というのも、そういう問いは、別にその人が「こういう問いを持とう」と意識的に決めたわけではなく、気がついたらそのことがすごく気になっていたという場合が多いからです。

「問題意識」という言葉がありますが、同じような環境に置かれて同じような情報に接していても、人によって抱く問題意識はかなり異なります。家族や職場といった身近なところから、政治経済や環境問題といった社会的なものまで、およそ問題には事欠かない世の中に私たちは生きていますが、その中でどんな問題に意識が向くかを決めるものは何なのか、私は長らく不思議に思ってきました。これはいわゆる問題に限らず、人が関心を持つことすべてに言えることだと思いますが、そうした関心がもともとどこから来たのかを辿っていくと、結局は理由のない世界、すなわち本人の意思ではないところから来ていると考えざるを得ない、というのが私の出した結論です。

第一章で「その人の中から湧いてくる理由なき声を内なる声と呼び、それは天からの贈りものである」と私は書きました。そういう意味では、自分で意識的に選んだわけではないのに、自分の中から湧いてくる問いは、ある意味、内なる声だと言えるかもしれません。そして、もしそうだとしたら、**人は問いを持って生まれてくる**と言うこともできるでしょう。そう考えると、自分の中から湧いてくる問いをもっと大事にしようという気持ちになるのではないでしょうか？

問いは進化する

人は問いを持って生まれてくるとは言っても、必ずしもある特定の問いを一生ずっと持ち続けるわけではありません。私自身の経験から言うと、問いはその人の成長とともに進化します。あたかもロールプレイングゲームのように、一つのステージ、すなわち一つの問いをクリアするとまた次のステージがあり、新たな問いが湧いてくる。そんな感じです。ただ、それらの問いはまったく別のものではなく、根底を流れるテーマはどこかでつながっているような気がします。

たとえば、私の場合、人生で一番最初に湧いてきた大きな問いは「人はなぜ仕事をするのか？」「人はどうしたら生き生きと仕事ができるのか？」というものでした。これらは、私がまだ小学校の低学年だった頃、会社勤めをしていた父がいつも仕事の話をすると不機嫌になる姿を見ているうちに湧いてきたものでした。これらの問いは私が成人して会社で働くようになってからもずっと自分の中から消えず、アメリカに留学した時に徹底的に向き合うことになりました。そして、これらを追求していくうちに、ついに「天職創造」という自分独自のコンセプトが生まれ、同時にそれにもとづいたワークショップを開発することになったのです。なお、この「天職創造」というコンセプトについては『本当の仕事』（日本能率協会マネジメントセンター、二〇一四年）という本に詳しく書いたので、興味のある方はぜひお読みいただければと思います。

その後、エピソード2で触れたように、天職創造セミナーに参加してくれた人たちが実際に自らの天職を創造するまでのプロセスをどうやってサポートするかを探っている中でコーチングという手法に出会います。そして、それがきっかけで「人はどうしたら自らの可能性を最大限に発揮できるのか？」という問いが顕在化します。「顕在化」と書いたのは、この問いが実は会社で働いていた頃から自分の中にあったような気がするからです。というのも、「生き生きと仕事をする」ということと、「自らの可能性を最大限に発揮する」ということが密接につながっているとどこかで感じていたからでしょう。

そして、今回のエピソードでご紹介したように、コーチングの事業を立ち上げ、その仕事を続けていくうちに「人はどうしたら自らの可能性を最大限に発揮できるのか？」という問いは、さらに「人の可能性が最大限に発揮されるような社会とはどのようなものか?」という問いに進化し、その問いが結果的に自分をフィンドホーンに導いていったわけです。

問いが立つ時

こうして思い返してみると、問いが立つ時というのは何かしら人生の転機を迎えている時である場合が多いような気がします。ここまでご紹介してきたエピソードで言えば、会社を辞めて留学する時、コーチとして独立する時、会社を立ち上げる時、その会社の経営から身を引く時、そしてスコットランドに家族で移住する時。これらはすべて大きな決断を要する人生の転機でした。

しかし、転機を迎えたから問いが立ったのか、それとも問いが立ったから転機を迎えたのかはわかりません。まさに「鶏が先か卵が先か」という感じで、それがどちらであるかはあまり重要ではないと私は考えています。ただ、**人生のステージが変わる時、そこには必ず問いがあったと**いうことは言えると思います。

このように、問いには人生を動かす力があります。あたかも車を動かすガソリンのように、問いが行動を起こす「動力」をもたらしてくれるのです。また、問いは好奇心を生み出し、それに関連する情報に対する感度を高めてもくれます。問いを持つことで、いわば「磁力」のようなものが働き始め、必要な情報や時には必要な出会い、必要な出来事さえ惹きつけるようになります。そして、これらの動力と磁力が両輪となって、人生という物語の新たな章の扉が開かれていくのです。

大きな問いを持つことを恐れない

問いが持つこうした動力や磁力は、その問いの大きさに比例します。だからこそ、すぐに答えが出ないような大きな問いを持つことを恐れてはいけないと私は思っています。ネイティブ・アメリカンの話で、「問いを持った部族は生き残ったが、答えを持った部族は滅びた」というのがありますが、それはおそらく問いを持っているとその時必要な情報を得ることができ、また必要な行動を起こすことができるからではないかという気がします。

一方、答えを持っていると考えることは慢心につながり、刻一刻と変化する状況に対応する力を弱めます。最近「レジリエンス」という言葉をよく耳にするようになりましたが、問いを持つことはまさにこのレジリエンスを高めることにもつながります。レジリエンスとは、「変化にしなやかに対応する力」であり、グローバル化や情報化によって目まぐるしく変化するようになった現代においては必須の能力だとも言われています。

問いを持たなくなるということは、自分が慣れ親しんだ快適な領域の中に留まるということであり、未知の領域に足を踏み出さなくなるということを意味します。変化の乏しい安定した時代（というのが仮にあったとしての話ですが）であれば、それでもやっていけたかもしれませんが、現代のように変化のスピードが激しい時代において、それはある種の「自殺行為」と言えるかもしれません。今、私たちは気候変動や資源の枯渇、あるいは拡大するテロや難民の問題など未曽有の危機に直面していますが、もしこれらが人類の滅亡を招くことになるとしたら、それは問うべき問いを問う勇気を私たちが持たなかったことが原因ということになるのではないかと私は考えています。

問いを生きる

さて、ここまで問いの重要性についていろいろと述べてきました。「答え重視の生き方」から「問い重視の生き方」への転換は、口で言うほど簡単ではないかもしれませんが、もしそれができれば、間違いなく私たちの人生に幅と奥行きがもたらされることでしょう。

英語で"Life is a mystery"という表現がありますが、すぐには答えが出ないような深くて大きな問いを持つことは、人生というミステリーにさらに心を開くということでもあります。人はいずれ死ぬということ以外、何も確実なことはないのが人生であり、それは本来謎に満ちたものなのですが、私たちはあたかもそうであってはならないかのように躍起になって答えを求めようとします。

このように、人生は謎に満ちているという事実に背を向けて生きるのは、本当に生きていることにはならないのではないか。そんな気がしてなりません。たとえば、**「自分は何者か」、あるいは「自分は何のために生きるのか」といった、自分にとって大事だけれどもすぐには答えが出ないような問いを問い続けることこそ、生きることにほかならない。**そんなふうに思うのです。この章の締めくくりに、私にこのことを教えてくれたオーストリアの詩人、ライナー・マリア・リルケが遺した詩の一節をご紹介したいと思います。

「問いを求めなさい。決して答えを求めるのではなく、問いを求めなさい。そして、問いを生きなさい。問いを生きていれば、やがて自分がその答えを生きていることに気がつくでしょう」

さて、あなたの中には今どんな問いが立っているでしょうか？　そして、あなたはその問いとどれくらいともにいることができているでしょうか？

第六章

人は誰しも、何らかの目的を持って生まれてくる

【エピソード6】

長い冬を乗り越えて、二つの市民運動と出会う

辛かったフィンドホーンでの二年半

フィンドホーンでは二年半ほど過ごしましたが、それは自分にとってかなり辛い時期でもありました。というのも、「そこに行けば何かあるはず」と信じて、明確なあてもなく行ったわけですが、待てど暮らせど「これ」というものがなかなか見つからなかったからです。

もちろん、何もせずにただ「何か見つからないかな」と受け身で待っていたわけではなく、少しでも自分の心の針が振れるものがあれば、一も二もなく飛びつくようにしていました。まさに「溺れる者は藁をもつかむ」状態で、あたかも天から垂らされた蜘蛛の糸が切れないように祈りながら引っ張っては切れ、引っ張っては切れるということを繰り返していました。

これがＣＴＩのコーチングに出会う前の留学時代のように、一度も「これ」というものに出会

ったことがなく、自分がやりたいと思っていることと実際にやっていることが完全に一致した時の何とも言えない高揚感をまだ知らない頃であれば、これほど辛くはなかったと思います。しかし、一度その高揚感を味わってしまうと、それが感じられなくなることがこれほど苦しいものだとは夢にも思いませんでした。

もしかしたら、自分はもはやこの人生で果たすべきことをすでに果たし終えてしまい、天から「お役御免」にされてしまったのではないか？　という、今思えば笑ってしまうような不安にしばらく取りつかれていました。これが自分一人ならまだいいのですが、今回は英語を話せない妻と年端もいかない娘を一緒に連れてきていたので、彼女たちにこんな苦労を強いてまで何も見つけられなかったら目も当てられない、という焦りがさらに苦しみを大きくしていました。

チェンジ・ザ・ドリームとの出会い

しかし、「朝が来ない夜はない」「春が来ない冬はない」と言うように、二〇〇七年の春を迎えた頃から、少しずつ状況が変わり始めました。チェンジ・ザ・ドリーム*（以下、略して「チェンドリ」と呼ぶ）に出会ったのも、ちょうどこの頃でした。

あるイギリス人の友人と電話で話していた時、「今度おもしろそうなプログラムに参加するの」と言うので、内容を聞いてみると、確かにおもしろそうだったので自分も一緒に参加させてもらうことにしたのです。しかし、実際に参加してみると、プログラムの趣旨にはものすごく共感を覚えたものの、プログラムの中身や進め方に関してはまだまだ改善の余地があるというのが正直な感想でした。

ＣＴＩなどの仕事を通じて参加体験型のプログラムを数多く経験してきたこともあって、細かい部分を含めて気になることが多々あり、余計なお世話とは思いつつ、プログラムの終了後に主催者に対していろいろとフィードバックをさせてもらいました。

すると、「あなたはなかなかいいフィードバックをしますね。実は、今度ファシリテーター・トレーニングというのがあり、そこにこのプログラムをつくった人たちがアメリカから来るので、よかったらそれに参加してあなたの考えを彼らに直接伝えていただけませんか？」と言われたのです。

なんだか逆手に取られた感じがしましたが、これも「乗りかかった船」ということで受けて立つことにしました。そして、その一ヵ月後に開催されたファシリテーター・トレーニングでこのプログラムをつくった二人のアメリカ人と出会うのですが、二人とも人間的にとても深みがある素敵な人たちで、それまで「趣旨はいいけど、中身が薄い」と思っていたチェンドリに対する見方も変わりました。かといって、すぐに自分でそれをやってみようと思ったわけではなく、いずれ日本に帰ったらやってみようと思い、それまでは自分の中でしばらく温めておくことにしました。

*チェンジ・ザ・ドリーム……二〇〇五年にアメリカの非営利団体パチャママ・アライアンスが開発したプログラムの名前であると同時に、そのプログラムを中核に据えた市民運動の総称でもある。「地球上のすべての人が、環境的に持続可能で、社会的に公正で、精神的に充実した生き方を実現する」ことを目的としている。

トランジション・タウンとの出会い

もう一つ、確かこのファシリテーター・トレーニングの場で耳にした一つの言葉がずっと気になっていました。それはトランジション・タウン*（以下、略して「トランジション」と呼ぶ）というイギリス生まれの市民運動でした。

何がそんなに気になったのか今となっては思い出せませんが、ずっと心に引っかかっていたところ、その年の十一月にロンドンで開催されるあるカンファレンスでトランジションの創始者が講演を行うという情報を聞きつけ、それに参加することにしました。そして、実際に彼の話を聞いてみると、まさしくそれは自分が求めていたものだということがわかり、居ても立ってもいられなくなったのを覚えています。

翌年の正月に日本に一時帰国した際、四年ほど前にパーマカルチャー**のコースで知り合った仲間たち三人とたまたま会う機会があり、彼らにトランジションの話をしてみました。どうしてパーマカルチャーの仲間に声をかけたかというと、もともとトランジションはパーマカルチャーの考え方を土台にしているので、もしかしたら彼らにはその魅力が伝わるかもしれないと思ったからです。

案の定、彼らは興味を示してくれ、その年の三月にフィンドホーンで開催されるあるカンファレンスでトランジションの創始者が再び講演する予定であることを伝えると、三人ともそれに合わせてフィンドホーンまで遊びに来るという話がほぼその場で決まってしまいました。

はたして三月になってフィンドホーンにやってきたその三人の仲間たちは、創始者の話を聞くと、「いいね、これは」という話になり、六月に私が日本に帰国したら、さっそく一緒にトランジション運動を日本でも立ち上げよう、ということで大いに盛り上がりました。

*トランジション・タウン……二〇〇六年にロブ・ホプキンスによってイギリス南部にあるトットネスという町から始まった市民運動。「トランジション」とは「移行」を意味し、石油を始めとした化石燃料に過度に依存した暮らしから、もともとその地域にある資源を活かした持続可能な暮らしへの移行を、市民が自発的に自らの創意工夫によって実現していくことを目指している。

**パーマカルチャー……オーストラリア人のビル・モリソンとデビッド・ホルムグレンによって構築された、人間にとって恒久的で持続可能な環境をつくり出すためのデザイン体系。パーマカルチャーという言葉は、パーマネント（permanent　永久の）とアグリカルチャー（agriculture　農業）をつづめたものであるが、同時にパーマネントとカルチャー（文化）の縮約形でもある。

共通点は「エンパワー」

このように、チェンドリとトランジションという二つの市民運動にほぼ時を同じくして出会ったわけですが、これらはともに「人の可能性が最大限に発揮されるような社会とはどのようなものか？」という、私をそもそもフィンドホーンに導いた問いに対する一つの答えを提示してくれているることにしばらく経って気づきました。

そして、それと同時に、CTIのコーアクティブ・コーチングを含め、私が心惹かれたこれら三つの活動は、一見関係がないように見えて、実は「エンパワー」というキーワード、すなわち「それが持つ可能性が最大限に発揮されるようサポートすること」を目指している点で共通しているということにも気づきました。

コーチングの場合、エンパワーする対象は「個人」であり、トランジションの場合は「地域」であり、チェンドリの場合は「一般市民」であるといった具合に、対象がそれぞれの活動で異なるだけでエンパワーするという目的においては皆、同じ線上にあるものだったのです。

ここで大事なことは、これらのことを私が順を追って計画的にやってきたわけではなく、ただただ自分の内なる声に従ってやってきた結果、あとで振り返った時に、そこに一本のまっすぐな道ができていた、という事実です。

　私は、人は誰しも何らかの目的を持ってこの世に生まれてくると信じていますが、自分の場合はきっとそれが「エンパワー」ということと大いに関係しているのでしょう。

キーメッセージ6：

人は誰しも、何らかの目的を持って生まれてくる

《キーメッセージ6についての解説》

人生の目的とは何か

「人生の目的」と言うと、なんとなく「人生において到達すべきゴール」というような印象を持つ人がいるかもしれません。たとえば、「あなたの人生の目的は何ですか？」と誰かに聞いた時に、「一国の首相になること」とか「自分の会社を立ち上げること」と答える人もきっといるでしょう。これらは決して間違った答えというわけではありませんが、私が「人生の目的」と言う時には、何か到達したり、達成したりするものではなく、常に自分の中にある軸のようなものを指しています。

そういう意味で、**人生の目的というのは、未来形や過去形で語られるものではなく、今この瞬間それを「生きているか、生きていないか」、あるいはそれに「沿っているか、沿っていないか」という現在形で語られるべきもの**だと私は考えています。それは、過去から未来へと続く時間軸上のどこかにある「点」ではなく、むしろ「線」であり、たとえて言うと「道」のようなものだと思うのです。そして、その道の上を歩いている時、私たちは「これぞ、まさに本当の自分だ」と感じるのです。

人生の目的は自分の中にあるものなので、それを生きているかどうかというのは最終的には本人にしか判断できないものです。つまり、先ほどの「首相になる」とか「会社を立ち上げる」のように、他の人たちから見てすぐにわかるようなものではないのです。ただし、人生の目的を生きている人は軸がはっきりしているので、なかなかぶれない、あるいはぶれてもすぐに立ち直れるという特徴があります。したがって、もしそういう人に出会ったら、おそらくその人は人生の目的を生きている可能性が高く、それは傍からも感じ取ることができるでしょう。

人生の目的は思い出すもの

こうした人生の目的は「見つける」ものというより、「思い出す」ものだと私は考えています。つまり、私たちはこの世に生まれてくるにあたって、目的を持って生まれてくると考えているわけです。もちろん、そうだということを科学的に証明することはできません。しかし、**人生の目的は頭で考えるものではなく、心や魂、あるいは身体中の細胞で感じるもの**であって、それに沿って生きている時には理屈ではなく、ただ「そうだ」とわかるものです。ということは、それはあたかもDNAのように、もともと私たちの中にあるものだと考えた方が自然ではないかと思うのです。

DNAというたとえが示唆するように、人生の目的というのは一人ひとりに固有のものです。それに優劣はなく、誰かと比べるものではありません。そして、それはその人が意識していようがいまいが、誰の中にもあるものなのです。それが思い出せないからといって、その人に人生の目的がないわけではありませんし、たとえ思い出せなくても無意識のうちにそれを生きているということだってきっとあるでしょう。したがって、思い出せるかどうかというよりも前に、まずは自分を含めて誰もが何らかの目的を持ってこの世に生まれてきていると感じられるかどうかということの方が大事だと言えるでしょう。

人生の目的を思い出すことの最大のメリットは、それを思い出すことで意識的に「本当の自分」を生きることができるようになるということです。それは、言ってみれば、自分らしい人生を生きるための「羅針盤」のような役割を果たすわけです。もちろん、一度思い出したら、その後はずっとそれを生きることができるというほど事は単純ではありません。それを常に意識し、それに沿って生きるためには、それなりの努力と勇気、そして自制心が必要となります。また、人生の目的は、多くの場合、ある時点で一気に思い出すというより、一生をかけて徐々に思い出していくものなのではないかという気がしています。そういう意味で、**人生というのは自らの人**

生の目的を思い出し、それを生きていくための旅だと言うことができるかもしれません。

そもそも人生に目的はあるのか

ここまで読みながら、以下のような疑問が湧いてきた人がいるのではないでしょうか？　すなわち、「そもそも人生に目的はあるのか？」という疑問です。先ほども触れたように、「誰もが目的を持って生まれてくる」ということを科学的に証明することは、少なくとも今の段階ではできません。したがって、その疑問に対しては「ある」とも言えませんし、逆に「ない」とも言えないわけです。むしろ、ここで大事なのは、どちらを信じた方があなたは力づけられるか、ということではないかと私は思います。

自分には持って生まれた目的があると思うか、ないと思うかで、その人の人生に対するとらえ方やスタンスは大きく変わってきます。別に持って生まれた目的なんかなくて、少しでもましな人生を送れるよう、日々一生懸命に生きるだけだというスタンスで人生に臨んだ方が力づけられるという人がもしいれば、それはそれでもちろん構いませんし、何が何でも「目的はある」というとらえ方を押し付けようとは思いません。しかし、私自身は「目的はある」ととらえた方が、自分の人生が豊かで奥深いものになることを経験をしていて、他にも同じような経験をしている人をたくさん知っているので、「こういうとらえ方もありますよ」ということを提案させていただいているというわけです。

「でも、仮に目的があるとして、もしそれを思い出すことができなかったら、かえって苦しくなるのではないか？」という疑問を持つ人もいるかもしれません。確かに、「人生の目的を思い出さない限り、幸せな人生を生きることはできない」というふうに考えたら、苦しくなるでしょう。しかし、人生の目的を思い出さなくたって十分幸せな人生を生きることはできますし、それが決して必須条件というわけではありません。ただ、それがあると、より精神的に豊かで意味のある人生を生きることができるということは言えるかもしれません。

どうしたら人生の目的を思い出せるか

では、自分がどのような人生の目的を持って生まれてきたのかをどうしたら思い出せるのでしょうか？　それにはいくつかの方法があると思いますが、**私が一番お薦めしたいのは、自分の内なる声に従うこと**です。第一章で書いたように、内なる声というのは理由のない声であり、自分の中から自然に湧いてくる声です。そして、それは天から与えられた贈りものであるとも書きました。何のための贈りものかと言えば、それは自分が何のために生まれてきたのか、つまり自らの人生の目的を思い出すための贈りものなのです。

私の場合で言うと、まずは「留学したい」という内なる声に従った結果、会社を辞めてアメリカに自費で留学し、結果的にそこでコーチングに出会いました。また、「今こそ次に進む時だ」という内なる声に従った結果、スコットランドに移住し、そこでチェンドリやトランジションに出会いました。これらは決して自分で計画したわけではなく、内なる声に従い、流れに乗った結果として出会ったものです。そして、自分が出会ったこれらのものになぜそこまで心惹かれたのかと考えてみた時、すべて何かをエンパワーすることにつながっているということに気づいたのです。まさに、内なる声が私を自分の人生の目的に導いてくれたわけです。

人生の目的を思い出すための、もう一つの有力な方法は、どういう時に自分の心が動くかに注意を向けることです。それは、「ワクワク」や「喜び」、「感動」や「希望」など、どちらかと言えばポジティブなものだけでなく、「悲しみ」や「恐れ」、「怒り」や「絶望」などネガティブなものも含んでいます。どちらの場合も、そこにその人にとって大事な何かがあるからこそ、心が動くのです。大事なものが満たされている時に、心はポジティブな方に振れますし、それらが満たされていない時に、心はネガティブな方に振れます。そして、おもしろいことに、人によって、どういう時にどう心が動くかは異なります。そして、これこそが人は皆それぞれ固有の目的を持って生まれてくると私が信じる大きな理由でもあります。**自分の中に湧き起こる感情が「あなたの人生の目的はこっちだよ」と、あたかも「標識」のような役割を果たしてくれている**のではないかと考えているわけです。

家族も選んで生まれてきた

さらに、自分がどういう環境に生まれ育ったかを見ていくことも、人生の目的を思い出す助けになります。たとえば、どういう時代にどんな国や地域で生まれたのかとか、どんな家族のもとに生まれ、その家族はどんな社会的・経済的な条件に置かれていたかとか、あるいはどちらの性別で生まれ、どんな肉体的特徴を持って生まれたのかなどによって、その人の人生は大きな影響を受けます。

おそらく世の中のほとんどの人が、こうした環境は自分で選んだわけではなく、「たまたま」そういう環境に生まれ育ったと思っているので、比較的恵まれた環境に生まれた人たちは運が良く、そうでない人たちは運が悪いというふうにとらえられがちです。しかし、もしも自分が人生の目的を思い出し、それを生きるためにもっともふさわしい環境を自分で選んで生まれてきたのだとしたらどうでしょうか?

私の場合、父親がかなり決めつけの激しい人で、小さい頃からよく「お前はこうすべきだ」と、私自身がどうしたいかに関わらず決めつけられるという経験をしてきました。特に、進学や就職といった人生で重要な場面になればなるほど、その決めつけは激しくなりました。大学を一年間休学してオーストラリアにワーキングホリデーで行く時も、会社に就職する時も、そしてその会社を辞めてアメリカに留学する時も、まったく聞く耳を持たないという感じで反対されました。

もちろん、今となってはそれも父親なりの愛情表現だったのだと理解していますが、当時は悔しい想いをしたものです。しかし、そういう父親のもとに生まれ育ったからこそ、「自分の中に答えがある」というコーチングの考え方に出会った時それに大いに共感し、その後コーチとして多くの人たちが自分の中にある答えに気づき、それを生きられるようエンパワーすることに心からの喜びを覚えたのだと思っています。言い換えれば、「エンパワーする」という人生の目的を自分が思い出すために、あえてこの父親を選んで生まれてきたのではないかとさえ思っているわけです。

ご縁は「お互い様」

こうした見方は、通常自分が選んだとは思っていない親だけでなく、選んだと思っている配偶者やその人との間に生まれた子どもとの関係についても当てはまると私は考えています。つまり、自分の意志とは必ずしも関係なく、自分の人生の目的を思い出し、それを生きるのを助けてくれる存在として配偶者や子どもが自分の人生に現れたというふうにとらえているのです。

実際、今は中学生となった娘が十数年前に生まれた時、自分の中で何かが変わった気がしました。単に親としての自覚が芽生えたというだけでなく、それまでなんとなく漠然としかとらえていなかった未来という時間が急にリアルに感じられるようになったのです。「この子が将来どんな世界で生きていくかについて自分には責任がある」。そう思ったことが、その後持続可能な未来を創ることを目的としたいくつかの市民運動に関わるようになる大きなきっかけとなりました。

このように書くと、いかにも立派な父親であるかのように聞こえるかもしれませんが、日々の生活の中では至らない部分も多々あります。何せ親という役割を担うのは初めてのことですから、わからないことだらけです。でも、彼女は彼女で自らの人生の目的を思い出し、それを生きる上でもっともふさわしい環境として私と私の妻を親として選んで生まれてきたのだと思えば、変に格好つけるよりも、ありのままの自分でいることが一番いいのだろうと自分を慰めています。

そして、自分を親として選んでくれた娘に私がしてあげられる最大の貢献は、彼女の中から芽生える内なる声、特に「これがやりたい」という気持ちを可能な限り応援してあげることだと思っています。子どもの頃は、そういう気持ちが比較的表に現れやすいので、それに気がついた時には、大人の論理でそれを押さえ込んでしまうのではなく、その気持ちを尊重してあげることが大事だと思います。たとえば、子どもが「歌手になりたい」と言い出した時に、「そんなもの、なりたいと言って誰もがなれるものじゃないんだよ」とわけ知り顔で否定する代わりに、「〇〇ちゃんは、歌を歌うのが好きなんだね」と声をかけてあげた方がいいでしょう。

このように、**私たちは自らの人生の目的を思い出し、それを生きるための最適な環境としてある家族を選んで生まれてくると同時に、自分も家族の他のメンバーが自らの人生の目的を思い出し、それを生きるために最適な環境として存在している**のであり、その関係は一方的なものではなく、相互互恵的なものなのです。つまり、「お互い様」というわけです。そして、こうした関係は家族だけにとどまらず、およそ人生で出会うすべての人たちとの間に存在するのではないかと私は考えています。「袖触れ合うも他生の縁」と言いますが、もしかしたら私たちは生まれてくる前から、お互いが人生の目的を思い出すために最適のタイミングで出会えるよう、あらかじめ約束でもしているのではないかと感じることさえあります。

「ホーム」に還る

「生まれてくる前に自分が決めた人生の目的を思い出す」というのは、あたかも自分を主人公とした推理小説の謎解きをするようなものであり、それ自体がとてもおもしろいプロセスとなり得ます。その謎を解くための鍵として、私たちは人生の要所要所に様々な出来事や出会いを用意し、また特定の環境や感情的な傾向を所与の条件として自らに与えたと見ることもできるでしょう。

このことを考える時、私がいつも思い出すのはグリム童話の『ヘンゼルとグレーテル』の話です。森に置き去りにされた兄妹が、自分たちの家に無事帰れるよう夜でも月の光を反射する白い石を落としていくという場面がありますが、ここで「自分の家」を人生の目的と見立ててみると、「白い石」というのはその人生の目的を思い出せるように自らが用意した出来事や出会いということになります。その石を一つひとつ辿りながら、ついにはヘンゼルとグレーテルのように、私たちも自分の家、すなわち人生の目的に辿り着くというわけです。

「本当の自分を生きる」というのは、自らの人生の目的を生きることであり、それは自分の「ホーム」に還るということでもあります。ところが、私たちは人生の多くの時間をなぜかホームではなく、「アウェイ」な状態で過ごすように運命づけられているようです。どれくらいの時間アウェイな状態に身を置くかは人によって異なりますが、中には「人生とはそういうものだ」と割り切って、一生その状態に身を置く人たちもいます。一方、その状態で生きることがもたらす違和感に耐えられなくなった人たちは本来自分が身を置くべきホームを目指して自己探求の旅に出るのです。そういう意味で、この本をここまで読んでくださった皆さんは、まさにその旅の途上にいると言ってもいいかもしれませんね。

では、なぜ私たちはわざわざアウェイな状態に身を置くのでしょうか? それは、**「本当の自分」ではないものを経験することによって、初めて「本当の自分」とは何者かということがわかるからです。**これは多分に逆説的ではありますが、そういう意味で、人が自分の人生で感じる違和感というのはとても大切な感覚だと言うことができます。なぜなら、それはその瞬間、人生の目的から逸れている、アウェイな状態になっているということを知らせてくれる内なる警報器の役割を果たしてくれているからです。

人生の目的を行動で表現する

「人生の目的を思い出す」と言うと、ただじっと座って考えればいいというイメージを持つ人もいるかもしれませんが、人生の目的はそれだけでは思い出すことができません。むしろ、それは行動として表現することによって初めて思い出せるものなのです。

では、人生の目的を行動で表現するとはどういうことでしょうか？　たとえば、私の場合は「人やコミュニティをエンパワーすることで平和で持続可能な未来を創る」というのが今現在の人生の目的ですが、たとえば誰かをコーチングしたり、地元で市民運動に関わったりすることは自らの人生の目的を行動で表現しているということになります。そこまでいかなくても、誰かに応援のメッセージをメールで送ったり、持続可能性をテーマとした講演会に出かけたりといったことも、それに当たります。

このように**人生の目的に沿っていると思われる行動を実際に起こしてみると、それが自分にとってピンと来るかどうかということがよくわかります。**ピンと来れば、当面それを自分の人生の目的として意識に留めておけばいいですし、ピンと来なければ、よりピンと来るような人生の目的をさらに探求すればいいのです。

人生の目的というのは、数学の問題のように、どこかに正解があるようなものではありません。それがどんなにピンと来るものであっても、所詮それは「仮説」に過ぎません。しかし、「たかが仮説、されど仮説」なのです。仮説はそれに沿って行動を起こしてみることで「検証」されなければなりません。この仮説・検証のサイクルを回していくことで、よりピンと来る表現を見つけやすくなると同時に、前章で取り上げた「問い」と同様、人生の目的もさらに進化していくことに気づくでしょう。

人生の目的を言葉にすべきか

「あなたの人生の目的は何ですか?」と問われれば、普通は言葉を使ってその問いに答えようとするでしょう。確かに、人生の目的を言葉によって表すことはできますが、それは究極的にはその人特有のエネルギーあるいは波動のようなものなのではないかと私は考えています。したがって、言葉だけで人生の目的を表現することは難しいと感じる可能性があります。場合によって、それは絵や音、あるいは身体の動きで表現した方がしっくりくることもあるかもしれません。

では、人生の目的を言葉で表すことは無駄なのかと言えば、そうではありません。たとえ一〇〇%満足できるような形で表現することはできないとしても、**言葉で表現することによって、自らの人生の目的を常に意識しやすくなる**という利点があります。そういう意味では、きれいな文章になっている必要は必ずしもなく、私にとっての「エンパワー」のようにキーワードだけでもわかっていればいいと言えるかもしれません。要するに、それはその人が自分は何者であるかを忘れないようにするためのしくみに過ぎないわけです。

人生の目的を言葉にするにあたっては、自分の頭の中だけで考えるのではなく、それを実際に口にしてみるといいでしょう。文字通り、「表現する」わけです。そうすると、その言葉が自分特有のエネルギーや波動とどれくらい共振するかがよりわかりやすくなります。どういう言葉を使ってどのような表現をした時に、自分の心や身体がもっとも反応するか、いろいろ試してみてください。それは、あたかもラジオのつまみを微調整しながら、一番きれいに音が聞こえる周波数を探す作業に似ていると言えるかもしれません。

人生の目的は誰のためのものか

人生の目的というのは、本当の自分を生きるための拠り所であり、指針でもあるわけですが、決して自分のためだけにあるものではありません。たとえば、「私の人生の目的は、幸せになることです」というのは、決して悪いわけではありませんし、出発点としてはいいかもしれませんが、それではそこで自己完結してしまいます。

人間は社会的な存在であり、まさに「人の間」と書くように、いろいろな人との関係性の中で生きています。したがって、意味のある人生を生きようと思えば、自分が人生の目的を生きることが周りの人たちや世界にどういうインパクトを与えるのかということを知る必要があります。

つまり、それは周りに対する積極的な働きかけを伴うものなのです。とはいえ、これは決して自分を犠牲にして周りの人たちや世界のために奉仕するということではありません。そうではなく、むしろ自分という存在を最大限に活かすことで、周りの人たちや世界に対して最大限の貢献をするということなのです。

アメリカの先住民の中には、「ビジョン・クエスト」と呼ばれる風習を持つ部族があります。これは、子どもが大人になるにあたって、一人で誰もいない自然の奥深くに分け入り、そこで自分が何のために生まれ、どのように周りの人たちや世界に貢献し得るのかというビジョンをつかむまで断食・断眠を続けるという過酷な通過儀礼です。ここで言うビジョンとは、人生の目的とほぼ同義であり、アメリカ先住民の世界では、それを思い出すことが一人前の大人として認めてもらうための条件となっているわけです。現代の世界ではなかなかそこまで徹底することは難しいと思いますが、**一人ひとりが自らの人生の目的を思い出し、それを生きることがひいては世の中のためになる**という認識については、私たちも学ぶところが大いにあるような気がします。

さて、あなたはどのような目的を持ってこの世に生まれたのでしょうか？　そして、それは周りの人たちや世界にどのようなインパクトをもたらし得るでしょうか？

第七章
理由があるから行動するのではなく、行動するから理由がわかる

【エピソード7】
アマゾンの先住民を訪ねて、会社の経営に復帰

藤野を拠点にトランジションを展開

二〇〇八年の六月に日本に帰国すると、前から何かと縁のあった、神奈川県北西部にある藤野という里山風情にあふれる人口一万人くらいの小さな町に生活の拠点を置くことにしました。そして、藤野への引越しが終わるやいなや、さっそく同じパーマカルチャー修了生ですでにその町に住んでいた友人夫妻とともにトランジション活動の立ち上げ準備に入りました。

とは言っても、引っ越してきてまだ日が浅い私たちがいきなりトランジションというわけのわからない横文字を振りかざして、藤野のような小さな町で活動を始めたら、もともとそこに長く住んでいる人たちはあまりいい気がしないのではないかと思い、まずはつてを頼りに町で影響力がありそうな人たちを紹介してもらって、個別に説明して回ることにしました。

うれしかったのは、予想に反してそういう人たちが虚心坦懐に私たちの話を聞いてくれ、さらに「おもしろそうな活動だから応援するよ」と言ってくださったことでした。

それから興味を持ってくれそうな人たちに対して随時説明会を開くなどして、徐々に準備を進め、約半年後の二〇〇九年二月に運営メンバーを募って正式にトランジション藤野という任意の市民団体を立ち上げました。

同時に、フィンドホーンまで遊びに来てくれた仲間たちと別途トランジション・ジャパンという非営利団体を設立（二〇〇九年五月にNPO法人化）し、全国的にトランジションを広げるための活動も展開していきました。

背中を押されて動き始めたチェンドリ

一方、チェンドリに関しては、二回ほど実験的に実施したものの、プログラムの中で使用する計二時間くらいの映像に日本語字幕をつけなければどうしてもインパクトが弱く、そのための時間と費用をどう捻出するかというところで止まっていました。

そんな折、二〇〇八年の十一月にカナダのモントリオールで開かれた、コーチング関係では世界最大規模を誇る国際会議において、チェンドリを提供する機会に恵まれました。二百人ほどいた参加者の中に何人か日本から来た人たちがいて、終わった後に「これ、日本でもやらないんですか？」と聞かれました。そこで、日本語への字幕化に苦戦していることなどの実情を話すと、「私たちも手伝いますから、日本でもぜひやりましょう」と力強い励ましを受け、そこから一気に物事が動き始めました。

多くの人たちの協力を得て、翌年四月には日本語字幕付きの映像がようやく完成し、さらに五月には日本で初めてのファシリテーター・トレーニングを実施し、チェンドリが提供できるファシリテーターを二十人以上養成するところまでこぎつけました。それを機に、セブン・ジェネレーションズという非営利の任意団体を設立（二〇一一年三月にNPO法人化）し、トランジションの活動と並行してこちらの方の活動も本格化しました。

頭をよぎった意外な考え

このように、チェンドリとトランジションという二つの市民運動を日本で拡げることに邁進していた二〇一〇年三月、前者の活動の一環で南米アマゾンの熱帯雨林に住む先住民に会いに行くツアーを企画し、エクアドルに行くことになりました。その途中、サンフランシスコに立ち寄った際、CTIのオフィスを久しぶりに訪れ、創設者の一人と話す機会がありました。実は、二〇〇三年末にCTIジャパンの代表を退任してから、日常的な経営業務にはほとんど関わっていませんでしたが、CTIとの主だった交渉事については顧問という立場で引き続き自分が担っており、その時もいくつかの案件を抱えての訪問でした。

ところが、その年の四月から予定されていたあるプログラムが人数不足でキャンセルになったことを報告した途端、意外にも普段温厚なその創設者が急に顔を真っ赤にして怒り始めたのです。「それは、あなたたちの意識がCTIから離れたからではないのか」と。確かに、それはまったくいわれのない批判ではありませんでした。というのも、その数年前から事業の多角化を狙ってCTI以外のプログラムをいくつか新たに導入したこともあり、そちらにかなりのマンパワーが割かれていたからです。

その晩、またしても眠れない夜を過ごしました。そして、代表を退任して以来一度として考えたこともなかったことが頭をよぎったのです。すなわち、「自分がCTIジャパンの経営に戻るべきではないのか」という考えです。ただ、この時は、これが本物の「内なる声」かどうかは自信がありませんでした。創設者の怒りに反応して単なる責任感からそういう考えが出てきただけではないか、という疑問があったのです。そして、そのような疑問を抱えたまま、エクアドルのツアーに参加することになりました。

先住民の儀式で得た確信

約二週間の行程のうち、ハイライトとなるのがアマゾンの熱帯雨林の奥深くに住むアチュア族という先住民を訪ねることだったのですが、ある日その地域の先住民に伝わる伝統的な儀式に参加する機会がありました。その儀式とは、ある植物からできた「聖なる飲みもの」の助けを借りて、その人にとって必要なビジョンを見るというものでした。その儀式を執り行うシャーマンたちの入念な準備の後、日が落ちて暗くなってから、その飲み物を各自処方してもらって飲んだのですが、待てど暮らせど自分には何の変化も起こりません。そこで二杯目を処方してもらったのですが、それでもやはり何の変化も起こりませんでした。

翌日、シャーマンが再びやってきて、それぞれが体験したことを聞きながら、それがどんなことを意味するかを解釈してくれるセッションがあったのですが、その時に自分は二杯飲んだにもかかわらず何も起こらなかったことを正直に告白すると、シャーマンから次のようなことを言われました。

すなわち、「この飲みものにはポジティブなエネルギーがあって、それがその人の中にあるネガティブなエネルギーとぶつかると、そのネガティブなエネルギーを乗り越えるために必要なことをビジョンとして見せてくれるのです。したがって、二杯飲んで何も起こらなかったということは、あなたの中に今はネガティブなエネルギーが何もないということです」と。

これを聞いた時、「CTIジャパンに戻るべき」という声は本物の内なる声であることを確信し、なぜ戻らなければならないのか自分でもよくわからないまま、その声に従うことを決意したのです。この時、自分にとって、「なぜ戻らなければならないか」という理由はたいして重要ではなく、その声が本物かどうかということが一番重要なことでした。なぜなら、その声が本物であれば、その声に従うことでいずれその理由はわかるはずだと信じていたからです。

ただ、自分がＣＴＩジャパンの経営に戻るということは、かなりの覚悟を要することでした。なぜなら、それはそこまで心血を注いできた二つの市民運動から身を引く必要があることを意味していたからです。ＣＴＩジャパンを最初に立ち上げた時と同様、これはとても片手間でやれることでないことはわかっていました。

幸い会社の方も私の決断を歓迎してくれたこともあり、日本に帰国して一ヶ月くらいの間に慌ただしく必要な引き継ぎを済ませ、五月の連休明けにはＣＴＩジャパンのＣＥＯという立場で経営に復帰しました。それまでにも数々の大きな変化を自分の人生の中で体験してきましたが、この時ほど急激な転換はありませんでした。

キーメッセージ7：

理由があるから行動するのではなく、行動するから理由がわかる

《キーメッセージ7についての解説》

なぜ行動するのに理由を求めるのか

私たちが何かをしようとする時、往々にして、それを正当化するような理由を周りの人たちから求められることがあります。特にそれがあまり他の人がやらないことだったり、常識と異なるようなものだったりした場合はなおさらです。誰しも何かを思い切ってやろうとした時に、親兄弟や友人、職場の同僚や上司などから「なんでそんなことやるの?」、あるいは「それやって何になるの?」と聞かれた経験が一度くらいはあるのではないでしょうか?

聞いている方は何の気なしに、無邪気に聞いているだけかもしれませんし、聞かれた方も別に何とも思わずそれに答えているかもしれません。しかし、こういうやりとりを何度も繰り返しているうちに、いつの間にか「行動するには明確な理由が必要だ」あるいは逆に「明確な理由がなければ行動してはいけない」という考え方が身についてしまっている人が多いような気がします。そして、そういう考え方に慣れてしまうと、まだ何も行動しないうちから、周りの人たちに自分の行動をどう説明しようかということばかり頭の中でぐるぐると考えてしまったりします。

私がこのことに初めて気がついたのは、二十代の頃アメリカ留学を目指して当時勤めていた会社が実施していた海外留学制度に何度もチャレンジして落とされ続けた時でした（エピソード1を参照）。役員との面接に臨むと、毎回のように「君はなんで留学したいんだ？」と聞かれます。会社のお金を出して行かせる以上、それを確認することは当然のことでしょう。私は私なりに一生懸命考えてきた理由を伝えるわけですが、これまた毎回のように「君が留学したいという気持ちは伝わってくるが、なんで留学したいのかはよくわからない」と言われました。悲しいかな、役員の人たちが言うことは正しかったのです。私自身、留学したいという気持ちに嘘はありませんでしたが、なんで留学したいのかは自分でもよくわからなかったのですから。そして、いよいよ会社を辞めて自費で留学しようと思っていると周りの人たちに打ち明けると、そのうちの何人かから「人に説明できるような明確な理由もないのに、そんなリスクを取るべきではない」と諭されました。

行動は頭ではなく、心でするもの

では、なぜ行動するのに理由が必要なのでしょうか？　理由がないとうまくいかないという絶対的な根拠でもあるのでしょうか？　逆に、理由があれば必ずうまくいくのでしょうか？　第三章でも述べたように、結局、未来のことは誰にもわからないわけで、うまくいくかいかないかは行動してみなければわからないわけです。そのわからないことに理由づけをする意味がどこにあるのでしょうか？

理由や理屈というのは、「理」という言葉がついている通り、理性から来ており、それは頭の言語です。そして、それは過去の経験に根差しています。一方、行動というのは未来に向かって起こすものであり、それは意欲や意志など「意」のつく言葉から来ているものです。そして、それは心の言語あるいは魂の言語です。未来を切り拓くのは、常に「意」であって「理」ではありません。言い換えれば、行動というのは心でするものであって、頭でするものではないということです。理由があった方がなんとなくうまくいきそうな感じがして自分や周りの人を安心させることができるかもしれませんが、それは言ってみれば「まやかし」の安心であって、本当の安心ではありません。

肝心なのは、行動する時、そこに「意」があるのか、ということです。つまり、**「やりたい」という意欲や「やるぞ」という意志があることの方が「なぜそれをやるのか」という理由が明確であることよりも大事**だということです。その意欲や意志こそが行動に力を与えてくれるのであって、それらがあることの方が、理由が明確であることよりもうまくいく可能性を高めてくれると思うのですが、いかがでしょうか？

理由なきものこそ本物

理由があるということは、そこに「打算」があるということでもあります。つまり、「こうすれば、こうなる」という期待があるわけです。行動するには時間やエネルギー、場合によってはお金などのコストもかかりますし、行動したとしても期待した通りの結果にならないリスクも当然あります。その時、それらのコストやリスクに見合うだけのリターンがないと思えば行動しないというのであれば、それは打算以外の何ものでもありません。多くの人は、このように行動するメリット・デメリットを秤にかけて実際に行動するかどうかを決めますし、それが当然というか、必要なことだと思っているように見えますが、はたして本当にそうなのでしょうか？

逆に、何かをやるにあたって、それをやったからといって必ずしもうまくいく保証はないにもかかわらず、ただやりたいからやるというのは、そこに何の期待も打算もないということを意味しています。そして、それは**行動の結果ではなく、行動そのものに意味を見出している**ということでもあります。私はそのような「理由なき行動」の方が行動としてより純粋であり、本物だと考えています。

先ほど、「理由は頭の言語であり、それは過去の経験に根差している」と書きましたが、別の言い方をすれば、それは純粋にその人の中から生まれてきたものではないということでもあります。第一章でも述べましたが、「本当の自分とは何か」について考える際、他の誰かから言われたわけでもなく、周りの人が皆やっているからでもなく、なぜか自分の中から自然と湧いてきた「理由なきもの」にこそ、そのヒントがあると私は信じており、それ故にたくさんの「理由なき行動」を起こしてきました。

理由はあとからついてくる

このように「理由なきもの」に従って行動を起こした結果、しばらく経ってあとから振り返ってみた時に「ああ、だからあの行動を起こしたのか」がわかるということが何度もありました。たとえば、「今こそ前に進む時だ」という内なる声に従って二〇〇三年末にＣＴＩジャパンの経営を手放した時にはまったく先が見えていませんでしたが、その後スコットランドに移住することになり、その結果チェンドリやトランジションといった市民運動に出会い、それらを日本に紹介することになってようやく「そうか、このために自分はＣＴＩジャパンの経営を手放したのか」ということがわかったのです。

ここで、次のように思う人がいるのではないでしょうか？　すなわち、「それはたまたまそうなっただけで、結果論に過ぎないのではないか」と。確かに、そうかもしれません。第四章で述べたように、人間には意味づけをする力があるので、たとえどういう結果になったとしても、結局はどうにでも理由はつけられるということになります。しかし、ここで重要なのは、結果論かどうかということよりも、むしろ先に理由をつけた場合と後で理由をつけた場合では自分の人生に与える影響がどう異なるかということだと思います。

これは、言い換えれば、先に筋書きを書いてからその通りに進もうとするのと、逆に筋書きを書かずに心の赴くままに進み、あとで意味づけをすることとの違いということになります。前者の方が一般的なアプローチだと思いますが、「人生は筋書きのないドラマ」とよく言われるように、私には後者の方が自然なアプローチであるように感じられます。前者では、筋書き通りに進んでいるかどうかが最大の関心事となり、それと関係なさそうな情報や出来事は「無駄」、妨げとなりそうな情報や出来事は「邪魔」と言ってどんどん切り捨てていきます。一方、後者では、そもそも筋書き自体がないので、あらゆる情報や出来事が物語の材料になる可能性があり、好奇心を持って受け止めることができます。どちらの方がより多くの可能性を人生にもたらしてくれるか、答えは自ずと明らかなのではないでしょうか？

期待と信頼

このことに関連して、「期待する」ということについて少し述べたいと思います。というのも、先に筋書きを書いてその通りに進んでいこうとするアプローチは、往々にして私が「期待の罠」と呼ぶものにはまりやすくなると思うからです。先ほども述べたように、人は行動する時につい「こうすれば、こうなる」という期待を抱きがちです。つまり、特定のタイミングで特定の出来事が起こることを望み、逆にそれが起きないと落胆したり、不満を持ったりするわけです。このことを私は「期待の罠」と呼んでいます。しかし、**「期待」という漢字を見てみると、「期を待つ」と書きます。これは、単純に期、すなわちタイミングを待つということであって、いつ何が起きるかにこだわることではありません。**

何を隠そう、私自身もこの「期待の罠」にはまったことがかつてありました。エピソード6でご紹介したように、私は二〇〇五年秋から二〇〇八年春にかけての約二年半、スコットランドのフィンドホーンというエコビレッジで家族とともに暮らしたのですが、この時期はこれまでの私の人生の中でも特に苦しい時期でした。順調に伸びていた会社の経営を手放して、英語の話せない妻と年端のいかない娘を連れて何もない異国の片田舎まで来たのに、待てど暮らせど次に自分が何をすればいいかが見つからず、私はかなり気持ち的に追い込まれていました。これは、逆に言えば、「これだけの犠牲を払ったのだから、そろそろ何か見つかってもいいはずだ」という期待が自分の心の中にあったということでもあります。

思い悩んだ私はある時、フィンドホーンの中にいくつかある瞑想ルームの一つにふと立ち寄り、そこに置かれていたエンジェル・カードと呼ばれるものを一枚引いたことがありました。このエンジェル・カードというのは、自分が今必要としている要素が短い言葉で書かれているカードで、全部で百枚ほどあります。そして、その時私が引いたカードには「従順」と書かれていました。他のカードには「自由」とか「愛」とか「創造性」といったどちらかというと前向きな言葉が書かれているので、「従順」というどちらかというと後ろ向きな言葉を見た時にはちょっと意外な感じを受けました。「これはいったいどういう意味なのだろう?」と思って近くに置いてあったエンジェル・カードの解説本を読んでみたら、そこには次のようなことが書かれていました。すなわち、「あなたは神に期待していませんか? 神には神の計画があるのであり、あなたはただそれを信じ、神が差し出すものに従順である必要があります」。これを読んだ時、私はまさに図星をつかれたように感じて、畏れ多くも神に期待していた自分の傲慢さに恥ずかしくなると同時に、なぜ探しているものが見つからないのか、その原因がわかり視界がパッと開けたような気分になりました。それ以来、私はいわゆる期待を手放し、「いつか見つかる時が来るだろう」と期を待つことにしました。そうしたら、間もなくしてチェンドリに出会い、続いてトランジションにも出会うことになったのです。

何かを期待して行動を起こす時、そこには「もしそうならなかったらどうしよう」という恐れや不安が同時に存在しています。それに比べて、「きっとなるべきようになるだろう」というのは特定のタイミングで特定の結果を手にすることに対するこだわりを手放した「信頼」の心持ちであり、あり方です。これは第三章でご紹介した「ラディカル・トラスト」というスタンスともつながってきます。すなわち、「宇宙は自分の敵ではなく、味方である」ととらえることができれば、特定の結果を期待する必要はなくなり、「何が起きても大丈夫」と信頼できるようになるというわけです。

期待をせずに行動する

信頼すると言っても、それは何もしないで受け身で待つのとは違います。期待はしないけれど、行動はするのです。こう言うと馴染みのないやり方のように聞こえるかもしれませんが、おそらく誰もが知っている有名なことわざにその極意が見事に表現されています。それは**「人事を尽く**

して天命を待つ」ということわざです。実は、これは私が昔から大好きだったことわざで、座右の銘と言ってもいいかもしれません。

ここで「人事を尽くす」というのは「自分がやれることはすべてやる」ということであり、「天命を待つ」とは「どんな結果が出るかについては天に委ねる」ということです。そして、「天に委ねる」というのは、「どんな結果が出ようと、それが自分にとってベストであると信じる」ということです。このような受け身ではない、積極的な態度こそが信頼するということなのではないでしょうか？

私は、人がもしこうした信頼の態度を揺るぎないレベルで身につけることができれば、その人が行動を起こすのを妨げる要因、特に心理的な要因の多くは取り除かれるのではないかと考えています。逆に言えば、**人が行動しない原因は、とどのつまり、この期待と信頼という問題に由来している**と考えているわけです。そこで、以下に多くの人が陥りがちな罠とその抜け出し方についていくつかご紹介したいと思います。

「期待の罠」から抜け出す

私は自分自身の人生を通じて、そしてたくさんの人たちが自らの望む未来に向かって行動していくのをコーチングという形でサポートしてきた経験を通じて、どんなことが行動を起こす上で妨げになるかについて多くのことを学んできました。そして、その中で多くの人が何らかの形で「期待の罠」にはまっていて、それが故に身動きが取れなくなっている場合が多いということに気がつきました。

その中でもよく出くわすのが「失敗したらどうしよう」という罠です。もちろん、誰しも失敗はしたくないだろうし、「うまくやりたい」と思うのは人間としての自然な心情だと思います。しかし、この「うまくやりたい」という気持ちはまさに期待であり、その裏には「もしうまくいかなかったらどうしよう」という恐れや不安が必ずセットのように存在しています。したがって、失敗に対する恐れから行動できなくなるのも、実は期待と深い関係があるのです。**成功するという期待がなければ、失敗するという恐れもなくなる**わけですから。

もう一つ、人が行動を起こすのを妨げる罠に「他の人たちにどう思われるだろうか」というのがあります。これも、「よく思われたい」という期待の裏に「もしよく思われなかったらどうしよう」という恐れや不安があるわけで、期待と大きな関係があります。しかも、この場合は他人たちの期待もからんでくるので、さらに質が悪い罠と言えるかもしれません。もちろん、他の人たちによく思われたいというのも人間としての自然な心情ではありますが、他人の期待に応えようとすればするほど、どんどんその期待にがんじがらめになり、身動きが取れなくなってしまうでしょう。

こうした期待の罠に手足を縛られないようにするには、まずそうした期待を自分が抱いた時にそれを自覚する必要があります。そして、すぐにそれを否定しようとせず、そうした期待を抱くのは極めて自然なことだと認めた上で、同時にその期待がもたらし得るリスクにも意識を向けます。すなわち、その期待は必ずしも満たされないかもしれないこと、そしてその可能性が十分あり得ると感じた時には行動を起こすこと自体を思い止まってしまう危険性があることを認識するのです。さらに、**期待するというのは未来の結果に意識を向けることですから、その罠を回避するためには、意識を今起こそうとしている行動そのものに向ける必要があります。**つまり、結果に気を取られるのではなく、行動そのものに集中するわけです。

最終的に選んだ道が正解

行動を妨げるもう一つの罠に「もしも選んだ道が間違っていたらどうしよう」というのがあります。これは先ほどの「失敗したらどうしよう」から派生したものだとも言えますが、人生において大事な決断を迫られている時に特にはまりやすい罠です。この恐れや不安の背景には、「人生には正解があり、それはたった一つしかない」という考え方が潜んでいます。でも、はたして本当にそうでしょうか？

人生の分かれ道に立った時、どれか一つしか正解がないのだとしたら、一歩を踏み出すのに慎重になるのも致し方ないかもしれません。しかし、もしも一つの道しか選べないのだとしたら、それ以外の道を選んだ時にどうなるかは結局わからないわけで、選んだ後に「あっちの道に行っておけばよかった」と思ったところで、本当にそれがよかったかどうかは誰にもわからないわけです。一番愚かなのは、慎重になり過ぎるあまり、何の決断もできなくなって分かれ道の手前で立ち往生してしまうことではないでしょうか？

私は、どうせどの道が正解なのかわからないのだとしたら、自分が最終的に選んだ道が正解だと信じることが精神衛生上一番いいのではないかと考えています。たとえ、それが正解のように感じられない状況になったとしても、それを正解にしてみせるというくらいの気構えで臨んだ方が道は開けるのではないかという気がします。それでも、間違ったと思うのであれば、やり直せばいいだけの話です。**人生の分岐点は常に目の前にあるのですから。**

低いところに成っている実からもぐ

何か大きなことにチャレンジしようとしている時にはまりやすい罠に、いきなり高い山に登ろうとしてしまうというのがあります。そして、裾野から山頂を見上げて、そのあまりの高さに足がすくんでしまい、一歩も踏み出せなくなってしまうというパターンです。誰だっていきなり高い山に登ろうとすれば思わず躊躇してしまうでしょう。でも、そのようなリスクを取る前にできることというのは意外とあるものです。

私が二十代の頃、勤めていた会社を辞めてアメリカに留学することを考えていた時、やはり最初はそのハードルがとんでもなく高く感じられて、足がすくみました。しかし、実際に会社を辞めて留学するという大きなリスクを冒す前にできることは何かを考えました。たとえば、留学に関する本や雑誌を読むとか、留学サポートをしている機関に問い合わせるとか、留学体験のある人たちの話を直接聞くといったことです。そして、だいぶ情報が集まってきて、どこでどんな勉強をしたいかが見えてきた時、有給休暇を利用して実際に渡米し、その大学の授業に聴講生として参加させてもらいました。エピソード1でも書きましたが、その授業に出ている時に、なんだかわからないけれど、自分がその大学で勉強しているイメージが湧いてきたのです。そうした数々のリスクの小さな行動を積み重ねているうちに、最初はとんでもなく高く感じられたハードルがいつの間にか随分と低くなっていることに気がついたのです。

英語のことわざに「低いところに成っている実からもげ」というのがあります。これは、「いきなりハードルの高いところから手をつけるのではなく、手を伸ばせば届くくらいのところから始めなさい」という意味です。さらに簡単に言えば、「やれるところからやりなさい」ということでしょう。先の山登りのたとえで言えば、裾野から山頂を見上げて、そのあまりの高さに足がすくみ、登ること自体を躊躇してしまうくらいだったら、まずはその一合目をめざしてとりあえず歩き始めた方がいいということです。そうやって**ちょっとずつ目の前の「やれること」をやり続けていくうちに、ふと顔を上げたら、最初はとても手が届かないように思えた山の頂が意外と近くに感じられる**かもしれません。

車線を変える

山登りのたとえを使って、さらにもう一つの罠について述べたいと思います。それは「この道しかない」と思い込んでしまう罠です。ある山に登ろうとして、その行く手が何らかの事情で遮られてしまい、前になかなか進めなくなった時、すぐにあきらめて引き返してしまうのはもってのほかですが、「この道しかない」と思い込んでそこに立ち往生してしまうのも考えものです。通常、山を登るのに一つのルートしかないという場合は少なく、複数のルートがある場合の方が多いでしょう。それがたとえ少し回り道になったとしても、引き返したり立ち往生したりするよりは「上をめざして動いている」という意味でよほどいいと思います。

さらに言えば、その同じ山を登り続ける必要もないかもしれません。というのも、通常、人は同時にいくつかの山を登ろうとしているものだからです。たとえば、私は今回のエピソードでご紹介したように、スコットランドから帰国した後、チェンドリとトランジションという二つの市民運動に同時に携わっていましたが、常に両者に対して同じウエイトで行動していたかというとそうではありません。片方の活動が何らかの事情で前に進まなくなった時、意地になってそちらを無理やり前に進めようとするのではなく、もう一方の活動で何かできることはないかと考えるように心がけていました。そして、そちらのことをやっているうちに、状況が変わって、元の活動の方も前に進められるようになったということが何度もありました。

このことを表現する別のたとえに、「車線を変える」というのがあります。高速道路などで車線がいくつかある道路がありますが、一つの車線を走っていて車の流れが悪くなった時に、スッと別の車線に車線変更するような感覚で自分がアクションを起こすルートを変えるわけです。この時、本当は別の車線があるにもかかわらず、自分が今いる車線しか見えず、「この車線しかない」と思い込んで行動のペースを落としてしまうのは、もったいないことではないでしょうか？

「とりあえず」やってみる

ここまで私たちが行動するのを妨げる心理的な要因とその対処法について、いくつかご紹介してきましたが、総じて言えば、「あまり先のことは考えず、とりあえず今やれることをやる」ということに尽きると思います。特に、この「とりあえず」というのがポイントとなります。行動できない時というのは、たいがい頭でいろいろなことを考え過ぎてしまっている場合がほとんどで、考えれば考えるほど足取りが重くなっていきます。「あまり考えずに」と言うと、何か軽薄な印象を与えてしまうかもしれませんが、実際にはやってみないとわからないことの方が多いわけで、それであれば四の五の言って動けなくなってしまう前に小さな一歩でもいいからまずは動いてみることの方が大事なのではないかと私は思います。その際、**まずは動いてみるという軽やかさをもたらしてくれるマジックワードが「とりあえず」という言葉**なのです。

注意しなければならないのは、行動を起こそうとした時に「それをやって何になるんだ」という考えが浮かぶ可能性があることです。言い換えれば、「そんなことやっても無駄なのではないか」ということですね。これも一つの罠だと言えるかもしれません。「無駄」ということは「意味がない」ということでもありますが、私はどんな行動でも、意味のない無駄な行動というのはないと考えています。しかも、その行動の意味は行動を起こした後にわかるのであって、起こす前からわかるものではありません。にもかかわらず、行動を起こす前から意味がないと決めつけるのは、それこそ「意味がない」ことなのではないでしょうか？

「やらなかった後悔より、やった後悔」という言葉がありますが、ある行動を起こそうかどうしようか迷った時には、その結果がどうなるかまったく読めなかったとしても、とりあえずやってみるということを選択した方が後悔は少ないのではないか、私はそのように思います。

さて、あなたが今何の理由もなくやってみたいことはどんなことでしょうか？　そして、そのためにまず最初にとりあえずできることは何でしょうか?

第八章

これまでやってきたことは、すべてこれからやることの準備である

【エピソード8】

そしてまた新たな道へ、よく生きる研究所を設立

新しい物語を求めて

ＣＴＩジャパンの経営に戻るといっても、現場からは六年以上も離れていたので、状況は以前自分が経営を担っていた時に比べてかなり様変わりしており、自分に何ができるのかまったく自信はなく、勝算もありませんでした。ただ、自分が何らかの理由で今そこに必要とされているのだと信じ、とにかくやれることをやろうと考えていました。

数字の面だけで見れば、ＣＴＩジャパンはそれまでの数年間、売上が伸び悩んではいたものの、経営的な危機とまでは言えない状態でした。しかし、必ずしも数字には表れない部分で危機的な状態にあると私は感じていました。それは、強いて言えば「物語の喪失」とでも呼ぶべき状態です。

ある事業が存続し、発展していくためには、それに関わる人たちが共感し、共有できるような物語が必要だと私は考えています。もちろん、物語と言ってもいろいろありますが、その中でも特に「何のために自分たちは存在するのか」に関する物語が必要で、それは自分たちの成長や環境の変化に応じて常に更新し、進化させていかなければならないものだと思っています。そういう意味で、ＣＴＩジャパンも創業から十年が経ち、最初の頃の物語はもはやその瑞々しさを失っているように思われたのです。

では、どうやって新しい物語を紡ぐのか？　そのためにはその事業に関わる人たちの間で「対話」を重ねるしかないと考えた私は、ＣＥＯ着任後、とにかく徹底的に対話の場をつくることに注力しました。

東日本大震災から生まれたスローガン

新しい物語が生まれる大きなきっかけとなったのは、二〇一一年三月十一日に起きた東日本大震災と、それに続く福島第一原発事故でした。この出来事は、直接的な被害に遭われた東北の人たちだけでなく、多くの人たちの人生観や世界観を根底から揺さぶりました。

私自身、この出来事によって激しく揺さぶられましたが、その中でも自分を支えてくれたのはこれまで自分が関わってきたＣＴＩやチェンドリ、そしてトランジションなどの活動を通して学んだことでした。中でも、CTIのコーアクティブ・コーチングやコーアクティブ・リーダーシップを通じて学んだものは、自分が直面した状況の中で具体的にどう考え、どう行動すればいいかということについての力強い指針となり、拠り所となりました。

以前から、コーアクティブというのは単なるスキルというよりは、どんな時にも自分らしく幸せに生きるための智恵であると感じていましたが、大震災での経験を経て、その想いがさらに強くなりました。そして同時に、それをより多くの人たちに、しかも速く伝えていかなければならないという切迫感を強く感じるようになり、そこから「コーアクティブをより速く、より遠くへ」というスローガンが自然と生まれてきたのです。

自分にしかできないことをやる

ちなみに、今回CTIジャパンの経営を担うにあたっては、自分にしかできないことをやろうという想いから、自分がそれまで関わってきたチェンドリやトランジションという二つの市民運動を通して学んだことを最大限に活かすことを心がけました。大震災の直後に立ち上げた「プロジェクト311」では、ある民間の災害支援団体に協力する形で、東北の被災地にコーアクティブ・コーチングを学んだ人たちとともにボランティア支援に入り、コーチングにとらわれないコーアクティブな関わりを被災地支援活動の中で実践することを試みました。

また、「コーアクティブ会話術」という約半日のプログラムを開発し、コーチングには必ずしも関心があるわけではないけれども、よりよいコミュニケーションやよりよい人間関係を求めている人たちに対してもコーアクティブ・コーチングに含まれる普遍的な知恵を届けられるようなしくみを仲間とともにつくりました。

これらのことは、コーチングという枠組みを超えた取り組みであり、その中にはこれまでタブー視されてきたことも多く含まれていましたが、「コーアクティブをより速く、より遠くへ」というスローガンに象徴される新しい物語に従って、やれることは何でもやろうという気概を持って精力的に進めていきました。

こうした取り組みの影響もあって、二〇一一年の後半には、CTIジャパンを取り巻くエネルギーは明らかに変わり始め、参加者数や売上など目に見える指標にも反映されるようになってきました。もともとCTIジャパンの経営に復帰するにあたって、ずっと続けるイメージはありませんでしたが、二〇一二年の年が明けた頃から、自分がCTIジャパンにおいて今回果たすべき役割は果たし終えたのではないかという感覚が強くなり、ちょうど大規模なプログラムの改定作業が完了した同年の六月に、再びその経営から離れることにしたのです。

紹介者と指揮者の役割を手放す

思い返せば、二〇〇〇年にＣＴＩジャパンを立ち上げてからの十二年間、私はコーアクティブやチェンドリ、そしてトランジションといった海外で生まれたすばらしい取り組みを日本に紹介するという「紹介者」の役割を担ってきました。そして、それらを紹介するにあたっては、会社やＮＰＯといった形で事業を立ち上げ、それらを運営するという「指揮者」の役割も担ってきました。ここでＣＴＩジャパンの経営から再度身を引くにあたって思ったのは、「もうこの二つの役割は手放そう」ということです。

そして、今後はこのような生き方をしてきて気づいたこと、学んだことを自分なりの形で整理・統合して、興味を持ってくれる人たちに伝えていきたいという想いから二〇一二年末に「よく生きる研究所」を設立しました。そして、折しも同じタイミングで完成した藤野の新居をベースに、心機一転して、再び新しい道へ踏み出すことにしたのです。

例によって、次は何をしたいという具体的なイメージはありませんでした。しかし、これまでの人生で経験してきたことは、すべてこれからやることの準備であるという考えにもとづいて、今の自分だからこそできること、今の自分にしかできないことを再び模索する日々が始まったのでした。

キーメッセージ8：

これまでやってきたことは、すべてこれからやることの準備である

《キーメッセージ8についての解説》

人生はすごろくではない

世の多くの人を見ていると、人生にはどこかに「上がり」があって、そこにいかに早く到達するかが一番大事なことだと思っているのではないかと感じることがあります。ここで「上がり」というのは何らかの目標を指しています。たとえば、政治家になることだったり、会社の社長になることだったり、マイホームを建てることだったり、いい配偶者に恵まれることだったりと具体的なものもあれば、お金持ちになることだったり、有名になることだったり、成功することだったり、幸せになることだったりと、より抽象的なものもあるかもしれません。それが何であれ、肝心なことはそこになるべく早く自分という駒を進めることという考え方です。

しかし、人生は「すごろく」ではありません。もちろん、目標を持つこと自体は悪いことではないと思いますが、**目標を達成できなかったからといって人生に価値がなくなるわけではありませんし、仮に目標を達成することができたとしてもそこで人生が終わるわけではありません。**すごろく型の人生を送っている人たちによく見られるのは、上がるか上がらないかという結果にとらわれるあまり、そこまでのプロセス自体になかなか価値を見出せなかったり、実際に上がってしまった時にどうしていいかわからなくなってしまうという状態です。

実際、「目標喪失症候群」とでも呼ぶべき状態になる人も多く、よく有名な芸能人やスポーツ選手が薬物にはまったり、時には自分の命を絶ったりするのはそういう状態に陥ってしまい、そこから抜け出したいあまりについ魔がさしてしまったというケースもあるのではないかと推察しています。傍から見れば、誰もが羨むような成功を収めながら、なぜそんな極端な行為に走るのかと不思議に思うかもしれませんが、ずっと上がりを目指してきた人がいざ上がってしまった時に感じる空しさというのは想像以上に大きいのかもしれません。

上がってしまうことの恐ろしさ

実は私もこれと似たような経験をしたことがあります。自分が書いた最初の本が予想以上に売れ、それがきっかけとなってコーチングの会社を立ち上げ、小さな規模ではありましたが、それなりにうまくいっていた時にちょっとした目標喪失状態に陥りました。そのまま事業をただ大きくしていくというところにはなぜか情熱が湧かず、ピースボートに乗って「今こそ前に進む時だ」という内なる声が聞こえたのをきっかけに方向転換していったわけです。

私は二十代の頃、「三十五歳までに独立し、国際的な事業を起こす。そして、本を書いて出版する」という目標を掲げたことがあるのですが、ある時、本当に些細な規模ではありますが、そのすべてを達成していることに気がついたのです。事業拡大に対する情熱が湧いてこなかったのはそれが理由なのかどうかはわかりませんが、会社の経営から離れ、スコットランドに移住した頃は次に何をしたらいいのかさっぱりわからず、随分と苦しい想いをしました。

そんな時、ふと頭をよぎったのは「自分は上がってしまったのだろうか？」という疑問でした。あたかも天から「ご苦労様。あなたはもう十分役割を果たしました」と言われ、いわば「お役御免」にされてしまったような気分になったのです。今考えたら笑ってしまうような話ですが、その時はかなり大真面目にそう思っていました。この経験から、上がってしまうことの恐ろしさが身に染みた私は、それ以来**人生はすごろくのように上がってなんぼというものではなく、常に進化し続けるプロセスである**ととらえるようになったのです。

人生観というメガネ

人生をすごろくととらえるか、それとも常に進化し続けるプロセスととらえるかというのは、いわゆる「人生観」の問題です。人生観にはいろいろなものがあり、百人いたらおそらく百通りの人生観があるでしょう。そして、人生観に限りませんが、およそあらゆるものの見方・とらえ方には「正しい、正しくない」とか「優れている、劣っている」というものはなく、ただそれがその人の「役に立っているか、否か」という違いがあるだけだと私は考えています。

ここで「役に立つ見方」というのは、そういう見方をした時に、その人の中から力が湧いてくるかどうかということを意味しています。しかも、特に人生観の場合は、一時的に力が湧いてくるというよりも、それこそ人生を通して力が湧いてくるかということが肝心だと思います。人生をすごろくととらえた場合、上がりを目指している時は力が湧いてくるけれども、いざ上がってしまったら目標喪失状態になって意気消沈してしまうというのであれば、それは人生を通してその人に力を与えてくれる見方とは言えないでしょう。

私はよくものの見方・とらえ方を「メガネ」にたとえるのですが、このたとえのいいところは、もし今の見方が自分に力を与えてくれないのであれば、ちょうど度が合わなくなったメガネをかけ替えるように、より力を与えてくれる見方に取り替えることができるということがイメージしやすい点です。**実際にどのような人生観が自分に力を与えてくれるかは人によって異なるでしょうが、それがその人の人生に及ぼす影響の大きさを考えると、どんなメガネをかけるかについては慎重に吟味する必要がある**のではないでしょうか？

山登り的人生観と川下り的人生観

人生観という意味では、「山登り」のたとえもよく使われます。山の頂上を目指してひたすら登っていくというイメージは人生をすごろくとしてとらえる見方と通じるところがあります。つまり、頂上に到達したら上がりというわけです。しかし、この場合も頂上に到達した後のことを考えている人は意外と少ないような気がします。実際の山登りで考えてみれば、頂上に到達した後はただひたすら降りてくるだけということになります。もし降りてこなければ、それは「遭難」したということであり、まさに目標喪失症候群に陥ったということなのではないでしょうか？

これは笑い事ではありません。「人生は山登り」というメガネは個人のレベルを超えて社会のレベルに浸透しており、特に年齢との関係において、その傾向が強いような気がします。人によってそのとらえ方は多少異なりますが、だいたい四十代をピークにして、それ以前は上昇曲線、それ以降は下降曲線を描くといったイメージを持っている人が多いのではないでしょうか？　五十代に入った人たちが「あとは人生下り坂」といった言葉を使うのをよく耳にしますが、それなどは山登り的人生観がいかに根強いかを示すいい例だと思います。

これに対して、私はどちらかと言うと人生を「川下り」にたとえた方がしっくりとくる感じがしています。川は最初に細い小川から始まって、徐々に他の小川と合流しながら太くなっていきます。そして、最後は大海とつながるわけですが、これと同じように**人生というのは先に行くにしたがってだんだん太く大きくなっていくもの**なのではないかと私は考えています。この川下り的人生観は第三章で述べた「流れに乗る」ということともつながってきます。

人生を山登りととらえるか川下りととらえるか。たかがイメージと思われるかもしれませんが、どちらのメガネをかけるかはその人がどう生きるかに大きな影響をもたらします。もちろん、人生観というメガネはこの二つだけではありませんが、ここでもう少しこの川下り的人生観がどのようなものなのかについて話を進めていきたいと思います。

人生は常に更新されている

人生を川下りにたとえた時、その川に流れ込む一つひとつの支流は「経験」にたとえることができます。人生を生きていると、日々新たな経験を積み重ねているわけですが、それらが加わることによって次第に川が太く大きな流れになっていくというイメージです。ここで注目してほしいのは、新しい支流が加わるたびに、川はそれまでの川と同じではなく新しい川に「更新」されていっているということです。

私たちの人生もこれと同じように、新たな経験を積むたびにどんどん更新されていっているわけですが、そのように感じている人はほとんどいないような気がします。その大きな理由は、日々経験していることを自分の「リソース（資源）」としてとらえていないからではないかと私は推察しています。リソースどころか、日々経験していることの多くは自分にとって意味のないもの、あるいは無駄なものだととらえている場合が多いのではないでしょうか？　しかし、第四章でも述べたように、**人生で起こることにはすべて意味があり、無駄な経験など何一つないとすれば、どんな経験もリソースになり得る**はずです。

ある経験が本当の意味でリソースとなるためには、その経験に何らかの価値が見出されると同時に、それが人生の中で活かされる必要があります。もちろん、人生で経験することすべてを活かすのは難しいと思いますが、それらを意識的にリソースとしてとらえられるようになればなるほど、それらを活かせる可能性も高くなるでしょう。

経験を統合することで人生をバージョンアップする

このように、**人生で経験したことを意識的に活かしていくことができれば、単に人生が更新されていくだけでなく、それらの経験が人生に統合されていきます。**ここで「統合される」というのは「意味のある形でその一部になる」ということです。ただ新たな経験をするというだけでは、リソースは増えるけれども、それが活かされなければ単なる「宝の持ち腐れ」になってしまいかねません。宝の価値はそれがどう活かされるかによって決まるのであって、それをただかき集めて置いておくだけではあまり意味がないのです。では、経験を統合するというのは具体的にはどういうことなのでしょうか？　そのことを今回ご紹介したエピソードを引き合いに出しながらご説明したいと思います。

アマゾンの奥深くで経験したシャーマンの儀式を通してCTIジャパンの経営に復帰する決意

をした私は当初、自分が何のために戻ってきたのかわかりませんでした。ただわかっていたのは、会社を立ち上げた時と約六年ぶりに復帰した今回とで自分に求められている役割は異なるはずだということでした。スコットランドに移住し、そこでチェンドリおよびトランジションという二つの市民運動に出会い、それらの活動を日本でも立ち上げるという経験を経た自分だからこそ果たせる役割があるだろうし、だからこそこのタイミングで再び内なる声を通して呼ばれたのだろうと感じたのです。

その役割とは何であったかを振り返ってみると、一言で言えば「コーチングをエンパワーする」ということであったような気がします。コーチング自体が人や組織をエンパワーするための手法ではありますが、それが本来持っている可能性がまだ十分に発揮されていない感じがしており、そこから離れている間に磨いてきた市民運動的な視点や手法を使いながら、その可能性をさらに引き出すということに自分は取り組んできたのではないか。そして、それが具体的な形として現れたものが今回のエピソードの中で触れた「プロジェクト311」だったり、「コーアクティブ会話術」だったのではないか。そんな風に感じているのです。

もちろん、これらの取り組みを通じてどれくらいコーチングをエンパワーすることができたのかはわかりませんが、少なくとも私の中にはそれまで携わってきたチェンドリやトランジションという市民運動での経験をできる限り活かそうという意識が常にありました。そうすることで、これらの経験が統合され、同じ会社の経営をしていると言っても以前とはまるで異なる次元でその役割を担うことができたという実感があります。要するに、それまでの経験を統合することで人生を「バージョンアップ」することができたわけです。

ありものでつくる

このように経験を統合することで人生をさらにバージョンアップしていこうとした時に、必要になる力が一つあります。それは簡単に言うと「創造力」ということになるのですが、創造力は創造力でも、ある特定の創造力が必要になるのです。それはどんな創造力かと言うと、「ありものでつくる」という創造力です。

料理をする時、そのつくり方には大きく分けてまず何をつくるかを決めて足りない食材を買ってくるやり方と、冷蔵庫を覗いてそこにあるものを使って何がつくれるかを考えるというやり方があり、どちらも創造力を使いますが、ここで必要となるのは後者のいわゆる「ありものでつくる」方の創造力なのです。

これまでの人生で経験したことを冷蔵庫の中に入っている食材にたとえてみると、それらを使ってどんな料理がつくれるかというのが、まさに「腕の見せどころ」となるわけです。そして、それらの食材を使って料理をつくるというのが経験を統合するということであり、できあがった料理がバージョンアップした人生ということになります。

このたとえからも明らかなように、経験を統合するにあたって使う食材、すなわちリソースとしての経験はたいがい一つではなく複数あり、それは何度でも使え、したがってその組み合わせも無限と言っていいくらいたくさんあります。ということは、バージョンアップと言っても、そのやり方は決して一つではなく、思いのほかたくさんあるということが言えるでしょう。

天がレモンを与えたら、レモネードをつくりなさい

ここまで経験、経験と言ってきましたが、一言で経験と言っても、それらの中には意図的に自分から取りに行った経験もあれば、意図せず向こうからやってきた経験もあるでしょう。また、それらの中には自分にとって望ましかった経験もあれば、望ましくなかった経験もあるでしょう。私がリソースとしてとらえ、それを意図的に活かすことで人生に統合するよう提案している経験は、これらすべての経験を指しています。つまり、自分から取りに行き、自分にとって望ましか

った経験だけではなく、意図せずやってきて必ずしも望ましくはなかった経験をも含んでいるのです。

意図せずやってきた望ましくない経験すらリソースとして活かすためには、開かれた心と柔軟性が必要になります。私がアメリカ留学時代に聞いた次の言葉がこのことをよく表しています。すなわち、「もし天があなたにレモンを与えたら、レモネードをつくりなさい」という言葉です。その時に「いや、僕はオレンジがほしかったんだ」と文句を言ってもどうにもなりません。レモンという経験をしたのであれば、その価値を見出し、それを活かして何がつくれるかを考える必要があります。そして、たとえば砂糖やはちみつといった他のリソース（経験）と組み合わせてレモネードをつくればいいのです。

私自身の例を挙げれば、小学生の頃に父親の仕事の関係でイギリスに移住し、そこで陰湿な人種差別に遭ったのが、まさに意図せずやってきた望ましくない経験でした。その当時はすごく辛い想いをしましたし、その後もトラウマとなって長く引きずりましたが、その経験があったからこそ異文化の人たちと深く触れ合えることに大きな喜びを感じるようになりました。今現在も国を超えた仕事をしているのはその経験を人生の一部として統合することができたからだと思っています。つまり、これが私にとってのレモネードなのです。

年齢を重ねるほど可能性は拡がる

このように考えてくると、人生がいかに無限の可能性に満ちているかということが見えてくるのではないでしょうか？　しかも、その可能性は年齢を重ねるほど拡がっていく末広がりの様相を呈しています。なぜなら、**年齢を重ねれば重ねるほど経験の量も増えていくわけですから、その分活かせるリソースもそれらを組み合わせるバリエーションも増えていく**からです。もちろん、体力など年齢を重ねるほど衰えていくものもありますが、それらを補って余りあるくらいの経験というリソースが年々積み重ねられていっているのです。

しかし、一般的には、年齢を重ねれば重ねるほど、特に四十代から五十代にかけての「ピーク」を過ぎると後は衰えていく一方だという考え方がまだまだ幅を利かせています。これは先ほども触れた山登り的な人生観ですね。近い将来、「人生百年時代」がやってくると言われている中で、このような人生観を持ち続けるのはその人にとって損失であるだけでなく、世の中全体にとっても大きな損失となり得ます。

人生を四、五十代をピークとした山登りとしてとらえると、実際に足腰が衰え始めているかどうかにかかわらず、意識が「守り」に入っていきます。五十歳を過ぎて何か新しいことにチャレンジしようとすると、周りから「いい歳をして何夢を見ているんだ?」と揶揄されてしまうような風潮にそのことが表れています。よく引き合いに出されるのでご存知の方も多いと思いますが、ケンタッキー・フライドチキン(KFC)の創業者カーネル・サンダースは創業時すでに六十歳を超えていました。「カーネルおじさん」と親しみを込めて呼ばれる彼が、もしも山登り的人生観に縛られて守りに入っていたら、現在世界中に展開するこのグローバル・チェーンが生まれることはなかったでしょう。

我が国の人口、とりわけ労働力人口が減少していくことが経済や社会に及ぼすであろうネガティブな影響について警鐘が鳴らされるようになって久しいですが、その影響を最小限に食い止めるためには、少子化対策や女性の活躍推進といったことだけでなく、こうした人生観を根底から見直すことで、より多くの人たちがその年齢にかかわらず持てるリソースを最大限に活かせるような社会にしていく必要があるのではないでしょうか?

人生には季節がある

この章を締めくくるにあたって、私が拠り所にしているもう一つの人生観をご紹介したいと思います。それは、「人生には季節がある」という人生観です。何か新しいことが始まりそうな予感に包まれ、いろいろなことを試してみる「春」。そして、その中から「これ」というものが立ち現われ、そこに全精力を傾け、忙しく動き回る「夏」。そうした努力の成果が実を結ぶと同時に、現状を見直さざるを得ない何かが起こり、内省的になる「秋」。その中から湧いてきた問いと深く向き合い、大切なものを手放して、次なるサイクルに備えて自分を整える「冬」。人生というと時間の流れにしたがって直線的に進行していくものととらえている人がほとんどだと思いますが、私は人生をこれら春夏秋冬がある周期で繰り返す循環的なものとしてとらえています。

私の場合、これまでの人生を振り返ると、この春夏秋冬のサイクルをほぼ十年周期で繰り返してきた感があります。二十代の後半でそれまで勤めていた会社を辞め、アメリカに留学したのが冬。「どうしたら人は生き生きと仕事ができるのか?」という問いを持つ中で生まれたのが「天職創造セミナー」であり、その実現をサポートするための方法として出会ったのがコーチングでした。日本に帰国し、個人事業主として天職創造セミナーにコーチングを加えたサービスを細々と提供していたのが春。そして、コーチングについて書いた本が予想外に売れたことが発端となり、自分が学んだCTIのコーチング・プログラムを日本で提供すべく会社を設立し、その活動に明け暮れたのが夏。無理がたたったのか病気になり、それがきっかけで乗ったピースボートで世界の現状を知り、そうしたことにまったく無頓着だった自分に危機感を抱いたのが秋。その結果、三十代の終盤に会社の経営を手放し、「人の可能性が最大限に発揮されるような社会とはどのようなものか？」という問いを持って、家族とともにスコットランドに移住したのが、また冬。その結果、チェンドリやトランジションという持続可能な未来を創ることを目指した市民運動に出会い、それを日本に紹介するところからまた新たな春夏秋冬が始まったわけです。

そして季節が一巡りするたびにそれまでに経験してきたことが統合されて人生がバージョンアップしていく、そんなイメージを持っています。循環しながらバージョンアップしていくという意味で、「スパイラル（螺旋）型の人生」という言い方もできるかもしれません。この**スパイラル型の人生を生きる上で大切なことは、自分の人生が今どの季節にあるかを自覚し、季節が変わるタイミングを見逃さないこと**です。そして、それをするにあたって必要となるのが、内なる声という自分の内側からのサインとシンクロや流れといった外側からのサインに注意を払うという、まさに本書の最初の方でご紹介したことになるわけです。そう、ここでもまた循環が起きているのです。

さて、あなたの人生は今どの季節にあるのでしょうか？　そして、どんな経験を活かしてどのように人生をバージョンアップしようとしているのでしょうか？

おわりに

さて、いかがでしたでしょうか？　あなたがこれからの人生をどう生きていきたいかについて、何か新しい可能性や選択肢が芽生えてきたでしょうか？　もし芽生えていたとしたら、小さな一歩で構わないので、それをぜひ行動に移してほしいと思います。「鉄は熱いうちに打て」と言いますが、「そのうちやろう」なんて思っていたら、いつしかまたこれまで通りの考え方に戻っている自分に気づいて愕然とすることになるかもしれません。意識レベルの習慣を変えるのは、行動レベルの習慣を変えるよりもずっと難しいことです。したがって、「ゆらぎ」が起きている時こそがこれまでとは異なる考え方にもとづいた異なる行動を起こすチャンスなのです。

もう一つ、最後に読者の皆さんにお伝えしておきたいのは、八つのキーメッセージは個別バラバラのものではなく、互いにつながり合っている一つのシステムだということです。たとえば、「流れに乗る」（キーメッセージ3、以下数字のみ）ためには「内なる声」（1）を聴き、「シンクロ」（2）に気づいて「理由なき行動」（7）を起こす必要があります。また、自分の中から湧いてくる「正しい問い」（5）は、ある種の「内なる声」（1）だとも言え、それらは「自らの人生の目的を思い出す」（6）上で重要な役割を果たします。さらに、「人生に起こることすべてに意味を見出す」（4）ことが「人生の目的を思い出す」（6）ことにつながると同時に、それらはともに「これまでやってきたことはすべてこれからやることの準備」（8）という考え方の土台となっています。

八つのキーメッセージが一つのシステムだということは、それらは決して一つずつ順番通りにやらなくてはいけないものではなく、逆に言えばどこから始めてもいいものということでもあります。もしあなたが八つのキーメッセージのうちどれかを意識して行動を起こそうと思ったら、それが必然的に他のキーメッセージにもつながっていることに気づくはずです。したがって、あなたが人生で大きな壁にぶつかり、これまでのやり方ではどうにもその壁を突破できそうになく、生き方そのものを根本から見直す必要があると感じた時には、まず八つのキーメッセージのどれでもいいので、一番その時のあなたに響くものを一つだけ選び、それを意識して行動を起こしてみてください。

私自身、エピソード8でご紹介した「よく生きる研究所の設立」以降も八つのキーメッセージを意識して人生を生きてきましたが、それらは常に自分の拠り所となってくれていることをこの本を書きながら改めて実感しました。あれから五年ほどの月日が経ちましたが、この五年間に起きた主な出来事を振り返ってみると、そのどれ一つとして五年前に想像できたものはありません。それでいて、今思うと、起こるべきことが起こり、自分は今いるべきところにいるという強い確信があります。

よく「事実は小説よりも奇なり」と言いますが、この本に書かれたことを意識し実践していくと、まさに「小説よりも奇な」人生になっていくことでしょう。それは安定や保証とは無縁の生き方ですが、驚きと発見に満ちた、その人だけの、その人らしい人生になることだけは間違いありません。同じ人生を生きるのであれば、一見安定した人生を送りつつ、いつも心のどこかで「もっと違う人生があるんじゃないか」と思いながら誰かの小説を読んで気を晴らすよりも、自分がその小説の主人公となり、それを生きた方がよほどおもしろいのではないか。私はずっとそう思って生きてきましたが、この本を出すことがそのような「本当の自分を生きる」人が世の中に増えるきっかけになればこれに優る喜びはありません。

最後に、この本を出すにあたって直接的なサポートをしてくださった人たちにこの場を借りて感謝の気持ちをお伝えしたいと思います。阿部文彦・裕香子夫妻、よく生きる塾の参加者の皆さん、星和美さん、宇都出雅巳さん、そして春秋社の佐藤清靖さんと楊木希さん。皆さんの熱心なご協力がなければこの本が世に出ることはなかったでしょう。本当にありがとうございます。

また、私の人生のストーリーがこの本でご紹介したような形で紡がれる上で欠かせない役割を果たしてくれた人たちも大勢います。エピソードの中ではあえて個人名を出しませんでしたが、ここに感謝の気持ちを込めてお名前を挙げさせていただきたいと思います。児玉民行さん、高野雅司さん、中野民夫さん、野口吉昭さん、CIIS時代からの恩師であるクロード・ウイットマイヤーさんとジョアンナ・メイシーさん、CTIの創設者である故ローラ・ウイットワースさんとキャレン&ヘンリー・キムジーハウス夫妻、CTIジャパンおよびウエイクアップの仲間たち、トランジション・タウンの仲間たち、チェンジ・ザ・ドリームの仲間たち、アクティブ・ホープの仲間たち、そしてメビウスの仲間たち。皆さんのおかげで私の人生が豊かで変化に富んだものになりました。ありがとうございます。

最後に、私のたび重なる非常識な決断にも常に理解を示し、受け入れてくれる妻の真穂、そして新しい未来を切り拓いていく上でいつも私の活力源となってくれている一人娘の湊に愛と感謝の気持ちを伝えたいと思います。二人が私の人生に現れてくれたことは、私が「本当の自分を生きる」上で何よりもの贈りものとなっています。いつもありがとう。

◎著者略歴
榎本英剛（えのもと　ひでたけ）
よく生きる研究所代表。人の可能性を引き出すコミュニケーションとして知られるコーチングを日本に紹介、今や日本有数のコーチ養成機関となったCTIジャパン（現・ウエイクアップ）の創立者。また、持続可能な未来を市民の手で創るための世界的な活動であるトランジション・タウンおよびチェンジ・ザ・ドリームを日本に紹介。著書に『部下を伸ばすコーチング』（1999年、PHP研究所）、『本当の仕事』（2014年、日本能率協会マネジメントセンター）、『僕らが変わればまちが変わり、まちが変われば世界が変わる』（2021年、地湧の杜）、翻訳に関わった書籍に『バーチャル・チーム』（1998年、ダイヤモンド社）、『コーチング・バイブル』（2002年、東洋経済新報社）、『トランジション・ハンドブック』（2013年、第三書館）、『アクティブ・ホープ』（2015年、春秋社）がある。https://www.yokuikiru.jp

本当の自分を生きる――人生の新しい可能性をひらく8つのキーメッセージ

2017年12月19日　第1刷発行
2023年10月30日　第3刷発行

著　者　榎本英剛
発行者　小林公二
発行所　株式会社**春秋社**
〒101-0021　東京都千代田区外神田2-18-6
電話　03-3255-9611
振替　00180-6-24861
https://www.shunjusha.co.jp/
印刷所　株式会社太平印刷社
製本所　ナショナル製本協同組合
装　丁　河村　誠

ISBN 978-4-393-36550-2
定価はカバー等に表示してあります